·
汉
字
王
国
·

汉字王国

任犀然 —— 主编

讲述汉字的前世今生
字里的天地乾坤

中国华侨出版社
北京

图书在版编目 (CIP) 数据

汉字王国 / 任犀然主编 .—北京 : 中国华侨出版
社 , 2018.3（2019.7 重印）

ISBN 978-7-5113-7384-7

Ⅰ . ①汉… Ⅱ . ①任… Ⅲ . ①汉字—通俗读物 Ⅳ .
① H12-49

中国版本图书馆 CIP 数据核字（2018）第 018450 号

汉字王国

主　　编 / 任犀然
责任编辑 / 江　冰
封面设计 / 阳春白雪
文字编辑 / 李翠香
美术编辑 / 宇　枫
经　　销 / 新华书店
开　　本 / 880mm×1230mm　1/32　印张：8　字数：400 千字
印　　刷 / 北京德富泰印务有限公司
版　　次 / 2018 年 5 月第 1 版　2019 年 7 月第 2 次印刷
书　　号 / ISBN 978-7-5113-7384-7
定　　价 / 35.80 元

中国华侨出版社　北京市朝阳区静安里 26 号通成达大厦 3 层　邮编：100028
法律顾问：陈鹰律师事务所
发 行 部：（010）88866079　　　传　真：（010）88877396
网　　址：www.oveaschin.com　E—mail：oveaschin@sina.com

如果发现印装质量问题，影响阅读，请与印刷厂联系调换。

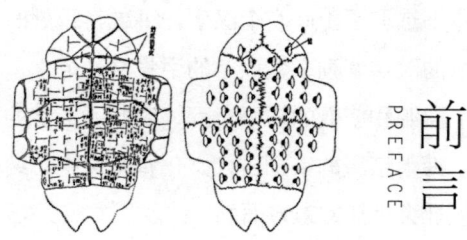

　　中国语言学家陈寅恪说："依照今日训诂学之标准，凡解释一字，即是作一部文化史。"汉字是一种生生不息、历久弥新的文字，是中华民族文化的瑰宝，是前人智慧的结晶。考古科学发现，6000年前的半坡遗址就有可以称为汉字的刻画符号。汉字反映了中国人自古以来的生存环境、社会环境、物质生活、精神生活和情感生活。汉字展现了中国的山川、植物、动物、房屋、车辆、道路和船舶等，还表现了中国人的劳动、风俗、习惯、思想、情感等。它承载着中国历史文化的本源的信息。汉字有着深厚的文化意蕴、独特的文化魅力，潜藏着丰富的审美价值。汉字有字义之美，如"仁"字，是人与人（二人），讲的是人与人要和谐相处；汉字有字容之美，如"喜"字，立见喜悦，"美"字，显得美妙；汉字有字音之美，如"伐木丁丁""流水潺潺"；汉字有艺术之美，书写汉字产生了世界一流的艺术家。汉字书写了中华民族的历史，承载着光辉灿烂的中华文化，在加强中华民族凝聚力、维系中华文明数千年延绵不断向前发展方面起了巨大的作用。作为一个中国人，理应了解、掌握汉字的演变过程及与汉字相关的文化知识。

本书选取了100多个汉字，讲述其深刻的文化内涵。针对每一个选取的汉字都列举了该字的甲骨文、金文、小篆、楷书等，剖析每个字起源和演变的详细过程，说明所选字的本义、引申义，将汉字置于博大精深的中国古代文化背景之中，结合中国古代哲学思想及古代社会生活的方方面面，涉及天文、历史、地理、气象、礼仪、文化等各个方面，以新鲜的见解和丰富的资料深刻论述汉字的文化意义和字里的"天地乾坤"。同时配有具有解字作用的多幅精美插图，形象地展示每个汉字的字形与字义的内在关系及其发展历程，使人看图能知字义，将汉字世界与真实世界紧密结合起来。每一个汉字都来源于一幅美丽的图画，每一个汉字也都蕴藏着一个动人的故事，有助于读者从根本上加强对汉字字形和字义的理解与记忆。

本书既立足于汉字本身的含义与演变，又拓展性地全面介绍了汉字的文化底蕴，力求对每个汉字的介绍具有知识性、趣味性和可读性，为读者举一反三、事半功倍地学习、掌握其他更多的汉字提供方法和思路，是一本了解中国汉字文化的不可多得的案头必备书。一字一图，解说生动，一看就懂，一学就会。一卷在手，随时翻检，读者可以通过本书了解汉字常用字的起源和演变、本义和引申义，并且对中国文化形成一个全面的、系统的、深入的了解，从而从根本上认识汉字，从根本上理解中国文化。

目录

CONTENTS

· 叁 汉字与人及人文

· 汉字王国 ·

· 伍 汉字与动物

·陆 汉字与植物

汉字与天文

三代以上，人人皆知天文。"七月流火"，农夫之辞也……
"龙尾伏辰"，儿童之谣也。

——明末清初学者顾炎武

míng

1300多年前的中国敦煌散花飞天画像。

中国古代的旌旗由多条叫作"旒"（liú）的飘带组成。
曰骨文、金文的"中"字，描绘的是有长长飘带的旌旗随风
飘动的样子，旗杆中心的那个圆形或方形物是竖扎的木块，

可以增加旗杆抗折的强度，这个木块叫作中。

　　"中"的本义为当中、中间。古代华夏民族在黄河流域一带建立国家，以为居天下之中，是位于中心的国家，故称中国，又称中华、中原、中土。后来各朝疆土渐广，凡所统辖的地区都称作中华或中国。

　　中国伟大的思想家、教育家孔子指出对待大自然和社会要用中和的态度："致中和，天地位焉，万物育焉。"他主张对待人和事要不偏不倚，无过不及，中正平和，这叫作中

zhōng

| 甲骨文 | 金文 | 小篆 |

庸之道。它是从排除了两个极端中得出的"中"，是最好的"度"，这是一种富含智慧的辩证思想。这种思维方式使得中国文化不至于走极端，也许是其得以绵延数千年不断发展的原因之一吧。"中和"的思想也体现在中国的古建筑、古器物造型的对称美上。中国书法和格律诗也是追求在对称中的变化。

体现"中和"思想的故宫建筑群

huá

金文　　　　　　小篆　　　　　　楷书繁体

　　"华"最早的意思是花。甲骨文的"华"字，正是一棵开满花的树。金文、篆文的"华"字，像一朵正在盛开的花儿。"华"字引申指美丽有光彩的事物，还引申指中华民族或中国，又称华夏。

　　"华"本是指树木上开的花，后被用来泛指草木所开的花。鲜花盛开，美丽好看，但草木如果只开花却不长果实，就是"华而不实"了。人们喜欢春华秋实，并以此来比喻有美好过程而又有丰实结果的圆满生活。

古代华夏族多建都在黄河南北，因为是处在四方之中，因称之为中华。

华表是因为桓木的"桓"与"华"音相近，故读成"华表"。

·汉字王国·

tiān

甲骨文　　　　金文　　　　小篆

　　"天"字是象形字，甲骨文、金文中的整体形象都很写实：一个正面站立的人，长着大大的脑袋。到了小篆和楷书，人的脑袋用一横来表示了。

　　"天"字原本是表示头的。头是人身体中至高无上部位，后来，人们就用"天"来表示天空了。古代神话人物"刑天"，就是与天帝争神位而被砍去头颅的人。他很勇敢，没有头就以乳为目，以脐为口，继续执干戚（大斧）而舞。

　　中国古代的哲人一直没有停止对天的探索。伟大的孔子曾对弟子子贡说，天讲了什么呢？但是春夏秋冬照常运行，万物自然生长，天讲了什么呢！伟大诗人屈原著有《天

刑天

问》，他问天，天地尚未成形之前，是从哪里产生的呢？他们都把"天"看作客观存在的自然界，认为"天"有着它恒定的运行规律。更有思想家如荀子提出了掌握"天"的运行规律而加以利用，人的智慧就可以战胜自然的思想。

很多时候，古人把"天"看作是世间万物的最高主宰，相信人世的命运是按"天"的旨意安排的。进而又发展出"天人感应"的观点，古代的君主宣称自己是"天"的儿子，是受上天的任命来管理国家的，君主的行为是与"天象"相关联的，如果君主违背了天意，"天"就会出现灾异进行警告；如果政通人和，就是天降祥瑞来鼓励了。

rì

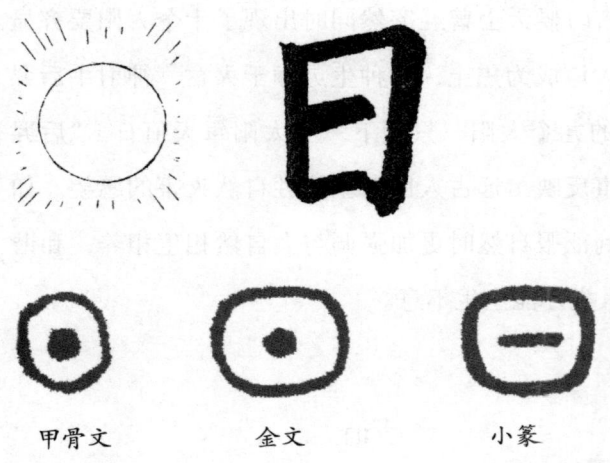

甲骨文　　　　　金文　　　　　小篆

　　"日"是个象形字，最早的"日"字就描绘了太阳的样子，圆圈中间的小黑点，可能就是先民观察到的太阳黑子。后来为了便于书写，"日"圆圆的轮廓变为方形，中间的一点改作了一横。

　　在中国古代神话里，太阳神羲和驾着六条龙拉的车子，载着太阳由东向西地周天行走。太阳的升起和落下是古人最常观察到的天象，人们就把昼夜交替的周期称为一日。

　　古代中国人是观测日影来纪年和确定时间的，一天中日影最短的时候是正午时刻，一年中日影最短的时刻出现在夏至，一年中日影最长的时刻出现在冬至。而两次日影最短时刻之间的时间间隔，就是一天或者一年。

相传上古时候天上曾经突然同时出现了十个太阳要齐显神通，结果大地成为焦土，各种生灵濒于灭亡。神射手后羿射掉了其中的九个太阳，只剩下一个太阳每天值日。"后羿射日"的故事反映出远古人民渴望战胜自然灾害的愿望。如今我们在谈到征服自然时更加强调与大自然相生相养，和谐相处，这样人类才能生生不息。

dàn

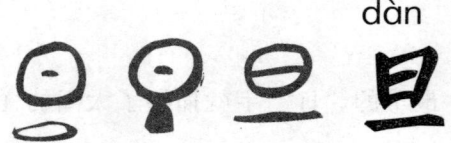

"旦"是个指事字，上面是日，下面是一道横线代表地面，一个又圆又大的太阳，从地面上升起，天亮了。"旦"用来表示早晨。

kūn

"昆"字的上面是个"日"，下面是两个人在并肩行走或劳动。"昆"字的本义为一起、共同。

yuè

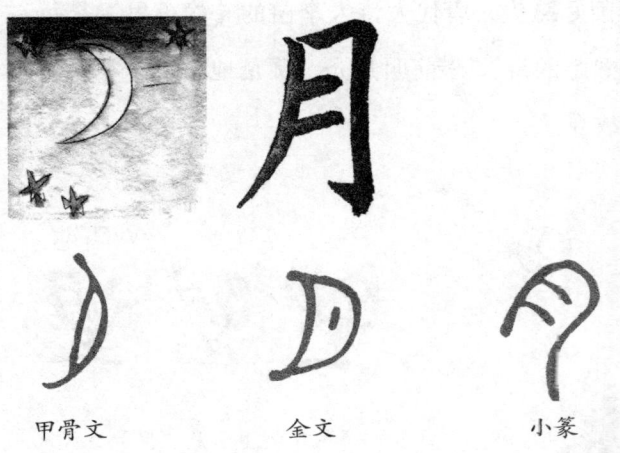

甲骨文　　　　　　金文　　　　　　小篆

　　"月"字是个象形字，甲骨文、金文里的"月"字，描绘了一弯月牙儿的样子，之所以用月牙表示月亮，是因为月亮在多数时候就是这样的缘故吧。

　　"月"字的本义就是指月亮。月亮的圆与缺是周期变化的，两次呈现相同的月相之间的时间间隔就是中国历法中的一个月，也叫朔望月。与公历中根据回归年（地球绕日公转一周的时间）派生出的 12 历月不同，12 个朔望月相加比一个回归年要少将近 11 天，所以古人每三年要置一个闰月，以此来定四时而成岁。

　　中国人对月亮是有着很多的情感的，因为月亮缺多圆少，所以盼望月圆，心中寄托着对亲人的思念，还有与爱人相聚相守的美好愿望。唐代大诗人李白的《静夜思》是每一个中国人都熟悉的诗："床前明月光，疑是地上霜。举头望明月，低头思故乡。"

wàng

"望"字的上面是"臣"，像眼睛，下面是"壬"。像一个人站在土地上远望月亮，"望"字的本义是远望。

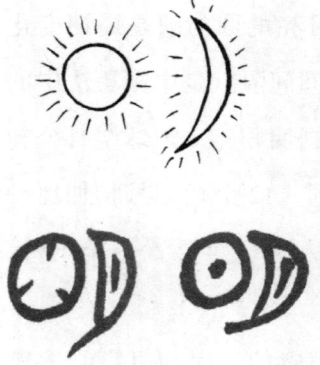

míng

·汉字王国·

xīng

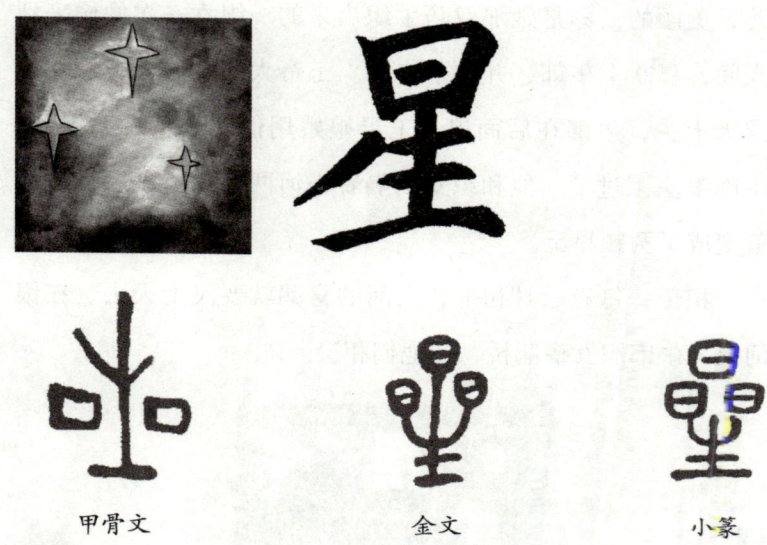

甲骨文　　　　　　　金文　　　　　　　小篆

　　"星"，是天上繁星点点的样子，其中的"生"表示读音。

　　天空中布满一闪一闪的繁星，让人们充满向往和想象。古人通过观察星空，把天上的恒星分为 28 个星宿，天上星空区域与地上的国州互相对应，认为通过观测天象变化，可以预测人间的祸福吉凶。

　　一个人文才出众，人们就会认为他是天上的"文曲星"来到人间。两颗星星隔着银河相望，人们叫它们牵牛、织女星，传说牵牛星原是人间的放牛郎，织女是天上玉帝的女儿，美丽的云彩是她那双巧手织出来的。织女一次偷偷来到人间，喜欢上牛郎，并住下来了。玉帝大怒，派人把织女抓回天上去，牛郎在后面追。王母娘娘用仙法划了一条银河，牛郎没法渡过了。他和织女就隔着银河两两相望，后来他们就变成了两颗星星。

相传，每逢七月初七，人间的喜鹊就要飞上天去，在银河上为牛郎织女搭鹊桥，让他们相会。

中国元初科学家郭守敬建立的观星台，是现存世界上最早的天文建筑之一。

·汉字王国·

qì

甲骨文　　　　　金文　　　　　小篆

　　"气"本义为云气，甲骨文的"气"，为三条长短不一的横线，是云气层叠、横飘流动的样子。金文和篆文的"气"字，横线弯曲萦绕，更像云气流动上升的形状。

　　"气"后来引申表示一切气体。气是万物的本原和基础，因为气似有形而无体，所以抽象化后，也指人的各种精神状态，如勇气、志气、意气、怒气等。有"亚圣"之称的中国思想家孟子，有一句充实和提高人的精神修养的名言："我知言，我善养吾浩然之气。"

天地有正氣　雜然賦流形
下則為河嶽　上則為日星
於人曰浩然　沛乎塞蒼冥
皇路當清夷　含和吐明庭
時窮節乃現　一一垂丹青

中国宋代的一位丞相文天祥，热爱自己的国家，在兵败被俘后，坚持爱国情操，于狱中写下了著名的《正气歌》，数百年来鼓舞了坚持崇高理想的人们。

yún

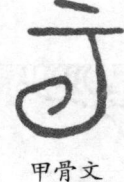  

甲骨文　　　　　金文　　　　　小篆　　　　楷书繁体

　　"云"是象形字，甲骨文、金文的"云"就是描绘天空中舒卷的云彩的样子。小篆以后又在"云"的上面加了一个"雨"字，云里带着雨。

　　"云"的本义指云气、云雾，就是天空中由细微的水珠、冰晶聚集形成的飘浮物，俗称云彩。

　　云彩轻柔舒卷，层层堆叠，人们用它来形容女子盛美的鬓发，叫作云鬓。唐代大诗人白居易形容当时最美丽的女人杨贵妃"云鬓花颜"，是说她有云一样盛美的头发，有花儿一般姣好的容貌。

　　云彩变幻无常，来去无定，古人用它来形容了解不深却欢会一时的男女之情，说两个人之间的"云情雨意"，常常带有只求现时好合、不问前路如何的感情色彩。而难料的世事、时局的多变也常用"云"来形容。事态的发生发展出乎意料常让人感叹"天有不测风云"。动荡的时局中也常常包含着巨大的机遇，有能力抓住机遇并成为影响一个时代的人，人们称他作风云人物。

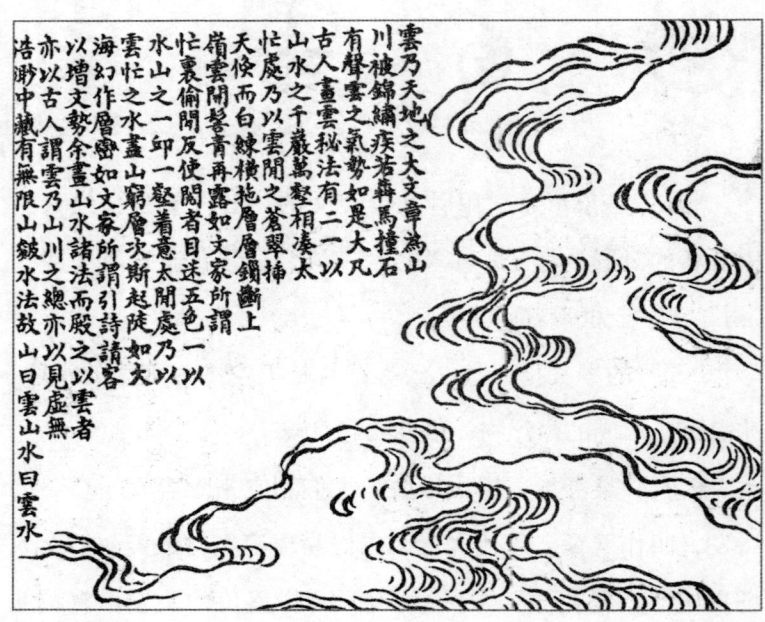

中国古代画谱中的云图

·汉字王国·

yǔ

甲骨文　　　　　金文　　　　　小篆

　　"雨"是象形字，甲骨文上面一横线表示天，下面的竖点表示雨滴。在金文、小篆和楷书中，"雨"的字形发生了变化，但代表天的横，代表雨滴的点这些基本构形都保留了下来。

　　"雨"的本义就是表示雨水。中国文明是以农业为基础的文明，中国古人靠天吃饭，雨水对于人们的生产和生活有着十分重要的意义。当雨水缺少的时候，人们便要举行隆重的祈雨仪式，祈求天降甘霖，泽润苍生。人们斋戒沐浴，备好供品，到掌管雨水的龙王庙前敬香祈祷。女人们用柳条甩洒清水，家家门前都插柳条，放水缸，敲锣打鼓迎接雨水的到来。庄稼急需雨水滋润的时候，雨水就恰好降落下来了，人们把这样的雨水叫作"及时雨"。"及时雨"后来又被用来形容恰当其时的帮助。

中国唐代大诗人杜甫的名作《春夜喜雨》中有这样的诗句："好雨知时节，当春乃发生。随风潜入夜，润物细无声。"

滋养万木万物的雨水，人们称之为甘霖。

祈雨图

xuě

甲骨文　　　　　　　小篆

　　最早的"雪"字由两部分组成，上面是"雨"，下面是
"羽"，雪下得很大，雪花一片片像羽毛一样。在篆文中，雪
变成由"雨"和"彗"组成了，彗是扫帚，雪下完，人们就
该扫雪了。

　　雪是空气中的水汽凝结的冰晶，这些冰晶多呈六角形，
看上去就像有六个花瓣的花儿，所以我们常常把它叫作雪

花。雪花纷纷扬扬，霎时间覆盖了大地，一切看起来都是那样的干净洁白，"雪"就被用来表示白色，"雪色"就指白色。唐代大诗人李白感叹人生的短暂易逝时以头发为说："朝如青丝暮成雪"。人们也用雪来形容人品的高洁。

下雪了，天气真是寒冷，这时候要是有人送来炭火该多好啊！中国人用"雪中送炭"形容在别人有急需时给予及时的帮助。

冬天到了！厚厚的大雪覆盖了田野，应时的好雪能够使土壤保暖，冻死害虫，

中国明代画家画的《雪夜访普图》是描写1000多年以前宋太祖赵匡胤为了国家大事在雪夜探访宰相赵普的历史故事。

滋润大地，这是来年庄稼获得丰收的预兆，中国有一句广为流传的农谚："瑞雪兆丰年。"

léi

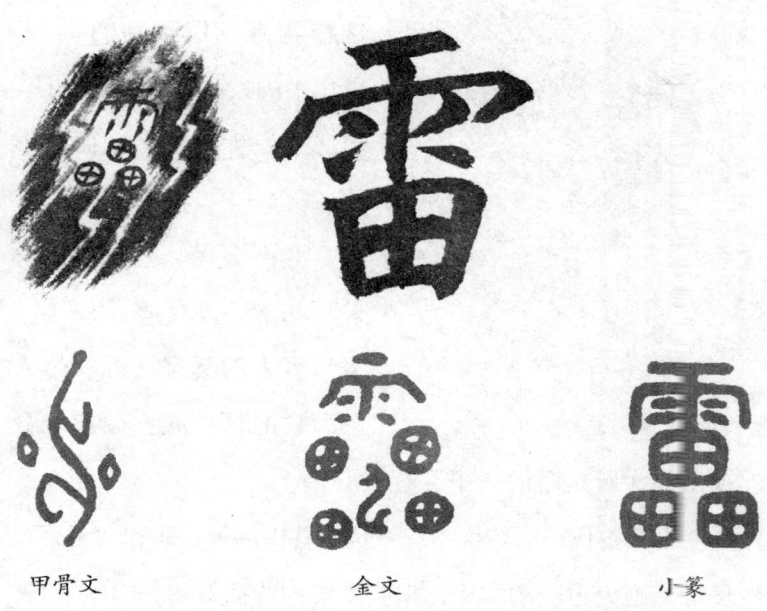

甲骨文　　　　　　金文　　　　　　小篆

　　"雷"字描绘了天空当中电闪雷鸣时候的情景。在甲骨文中，曲线表示划过天空的闪电，圆圈表示滚滚而至、回转不绝的雷声。在金文中，字的上部又加了"雨"，下部圆圈变成了四个，圆圈中间有表示爆响的"十"字，整个字是一幅既有倾盆大雨，又有雷电交加的图画。

　　"雷"字的本义是指雷声，闪电的极度高热使周围空气剧烈膨胀，从而形成气波并发出声音。近处听到的是尖锐的爆裂

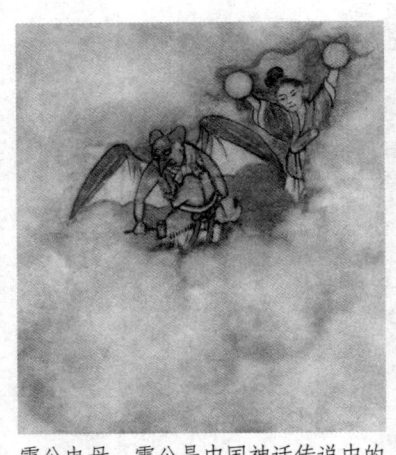

雷公电母：雷公是中国神话传说中的司雷之神，电母是司掌闪电之神。

声，距离远听到的是隆隆声，这些就是我们听到的雷声。古代中国人将雷电解释为阴、阳二气发生撞击运动而产生的。

雷声轰鸣，电光交加，暴厉可怖。人们常用"雷"来形容人的暴怒，说一个人"暴跳如雷"，我们眼前就会浮现出他大跳猛吼的样子，让人心悸。

在中国古代神话传说中有一位掌管雷的神，叫作"雷公"，他长得一副大力士的样子，袒胸露腹，背插双翅，额生三目，猴脸鹰足，左手执楔，右手持槌，呈欲击状。他旁悬挂数鼓，足边也围着连鼓。古代民间相信雷神能辨人间善恶，代天执法，击杀有罪之人。文人笔记中，常记有大雷雨时雷神用雷电轰击不孝子和作恶多端之人的情节，反映出人们对雷神既存敬畏心理，又希望他主持正义的愿望。

中国《周易》书中用八个卦象代表大自然的八种事物，震卦象征"雷动"，告诉人们要能在大是大非面前有所震动而恐惧谨慎，可以获得顺利和吉祥的道理。

diàn

| 甲骨文 | 金文 | 小篆 | 楷书繁仁 |

"电""申""神"在字源上都源于闪电的"电"字。

"电"是个象形字，它是闪电划过天空发光的样子，中间夹杂着雨点。金文加了一个"雨"字，闪电总是在下雨时出现。

我们知道，电是能的一种，包括负电和正电。中国的古人已经对此有了一种朴素的认识，《说文解字》中这样解释"电"说："电，阴阳激耀。"

闪电的速度很快，人们常用它来形容行动迅速。秦始皇有七匹名马，其中一匹叫作"追电"，是说这匹骏马跑得很快，快到能追上闪电了。西汉的汉文帝也有骏马九匹，其中一匹是赤红色的，跑起来像一道赤色的闪电，名叫"赤电"。

宋代李公麟（1049—1106）画的《放牧图》（局部）

金代杨微（生卒年不详）创作于公元1184年的《二骏图》（局部）

mù

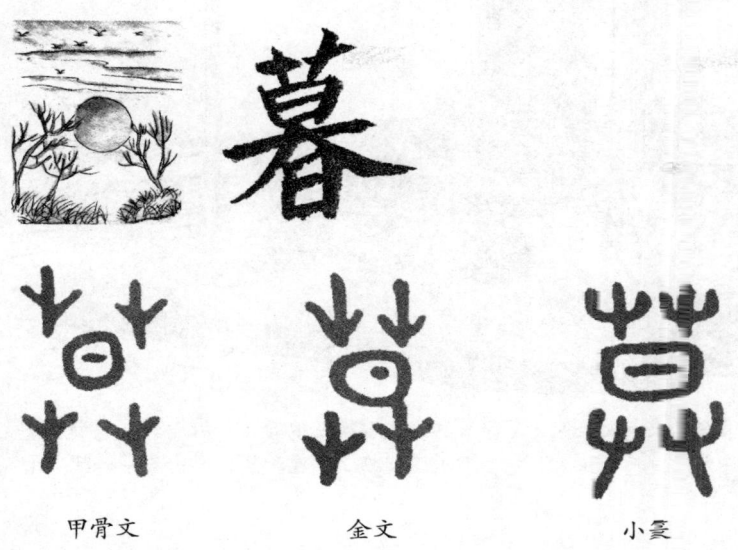

甲骨文　　　　　　金文　　　　　　小篆

　　"莫"字最古老的意思就是太阳落山的时间，傍晚。眼看着太阳一点点落入草丛中，天色暗了。后来这个字被假借去表示否定，它原来的意思就用另外加一个"日"字的"暮"字来表示了。

　　"莫"字后来被假借为否定词，当"不"讲了。

中国东汉末年政治家、军事家和诗人曹操在他的《龟虽寿》一诗当中曾经抒发了自己的雄心壮志："老骥伏枥，志在千里。烈士暮年，壮心不已。"

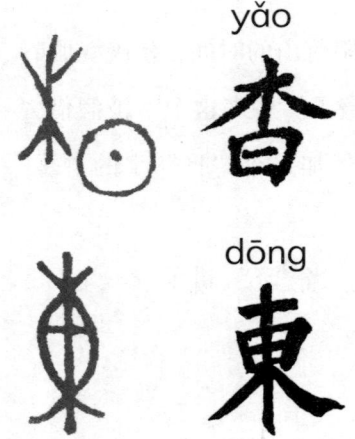

yǎo
杳

日在木（朳）下是"杳"字，就是太阳（日）已经落在树后边去了，"杳"字本义为天色已暗。

dōng
東

"东"字是"日"和"木"组合而成，表示"日"升到树木的半中腰，指东方。

chūn

| 甲骨文 | 金文 | 小篆 |

　　甲骨文的"春"字，左边是表现了太阳从草地上升起来的景象，右边描绘草木破土而出的样子，整个字就是一小幅阳光煦暖、绿草萌发的春光图。

　　春是一年四季中的第一季，中国农历中一年的第一天是春节。这是中国人每年要过的最隆重的节日，人们敲锣打鼓，燃放爆竹，载歌载舞，喜气洋洋地欢度新春。一年之计在于春，春天代表希望，春天又开始新的劳作。

　　春是生命勃发、万物生长的季节，人们常用"春"来比喻生机。也用它形容男女的情爱，《诗经》里面说："有女怀春。"那是在讲一位少女情窦初开！

在中国，当北斗星的斗柄指向东方的时候，东风来了，春天的脚步近了。

唐代大诗人李白《春思》的诗句："燕草如碧丝，秦桑低绿枝。"描写了在春天萌动了爱情。

xià

金文　　　　　　　　小篆

　　"夏"在甲骨文中，是一个手持斧钺的威武高大的人。小篆"夏"，也是一个人形，手中没拿东西了。

　　夏有"大"的意思，从暮春进入到夏天时，我们注意观察树木就会发现，新绿的幼芽很快长成了大大的叶子。夏天的万物都显得盛大起来。因而古时候称大国也用"夏"。指称包括所有地方的疆域之大也用"夏"，这就滋生了"诸夏""华夏"等词。

　　华夏是中国的古称，泛指中华民族。此外，夏是一年春夏秋冬四季中的第二季，是季节名。

夏还是中国约4000年以前的朝代名，是中国历史上第一个王朝，中国历史从夏朝开始迈入"青铜时代"。夏朝的开国者大禹也是上古禅让制部族的统治者。他治理好了当时严重危害国计民生的水患，三过家门而不入。"大禹治水"的故事成为领导者勤奋忘我、与人民共同努力除灾谋福祉的典型而流传了数千年。

2000年前汉代人创作的画像砖《大禹像》

贰

汉字与地理

要明白中国文化之所以能扩大在广大的地面上，维持至悠久的时间，中国文字之特性与其功能，亦是很重要的一个因素。

——现代学者钱穆

shān

这是中国五代时期大画家巨然笔下的高山。

"金"字的金文从土，表示是土中的矿物，左边的两个黑点是冶炼的金属块，最上部的是"今"，是声符（读"今"的音）。《说文解字》说："金，五色金也。"就是五种金属：白金是银，青金是铅，赤金是铜，黑金是铁，黄金才是真正的金子。汉字"金"的本义和现代"五金"的"金"近似。

中国青铜文明极其辉煌，商周时期的金乃指青铜。刻在青铜器上的铭文，称作金文。

中国古代的乐器称为"八音"：金、石、丝、竹、匏、土、革、木，其中金指钟。中国的"五行"：金、木、水、火、土，是以金为首。

金属的质地坚硬，被用来形容坚固、牢靠的事物，朋友之间有着非常好的、牢不可破的交情，被称为"金石之交"；坚固的城墙可以称作"固若金汤"。

到了汉代以后，金就专指黄金了。

由于黄金贵重而有辉煌的光泽，所以常被用来比喻尊贵或贵重。

"金"字作为部首组成的字一般都与金属有关，如"铜""铁"

"锡""铸"字。

jīn

金文　　　小篆

唐·法门寺金塔

唐·法门寺鎏金捧真身银菩萨

战国·金虎

固若金汤

mù

甲骨文　　　　　　金文　　　　　　小篆

　　"木"字像一棵有枝干、有根系的活生生的树。

　　"木"的本义为树，是个象形字。树木可以加工做成家具、建造房屋等，如木材不规则，木工则要用墨斗扫线在木头上打上一条黑线做标记，便于加工，"故木受绳则直"。

　　用"木"组合而成的字有很多，都跟木本植物或用木头制作的物品有关。常言道："独木不成林"，两棵树木在一起就可以会意表示一小片树林，而三棵树木在一起就构成大片的"森"林了。人走累了，"大树底下好乘凉"，就靠在一棵大树下"休"（"亻"加"木"为"休"）息一会儿。

　　"集"就是许多鸟停在树上休息，表示聚集、集群。而

"焚"就是在树林里放火，这或许是我们祖先在刀耕火种时代的记忆吧。

中国大画家徐悲鸿《晨曲》，画中的鸟儿聚集在树木上。

shuǐ

| 甲骨文 | 金文 | 小篆 |

　　"水"是个象形字。在甲骨文、金文和小篆中，"水"字的形体都表现了弯弯曲曲流水的样子，其中的几点，表示激流中溅起的水花。

　　"水"的本义是指河流。中国有很多古老的河流至今仍称为"水"，比如"汉水""渭水""淮水""泗水"，等等。

　　中国人对于水，有着特殊的情感，水或藏于地下含而不露，或喷涌而上汩汩为清泉，细流集为河湖，河湖汇成江海。泉水叮咚作响，唤起智者灵动的思虑，春雨滋润大地，德泽万物而默默无声。中国古代伟大的思想家孔子说"智者乐水。"（有智慧的人是喜欢水的。）另一位大思想家老子说：

民国时期的画作：温柔如水的女子。

"上善若水，水善利万物而不争，处众人之所恶，故几于道。"（最善的人好像水一样。水善于滋润万物而不与万物相争，停留在众人都不喜欢的地方。所以说，水性接近大道。）人们用水来形容温柔的女子，说她"柔情似水"，又赞颂水的力量说："天下莫柔弱于水，而攻坚强莫之能先。"

人生如饮水，冷暖自知。要活出健康的人生，就要使自己的身心像流水一样通畅不腐。

huǒ

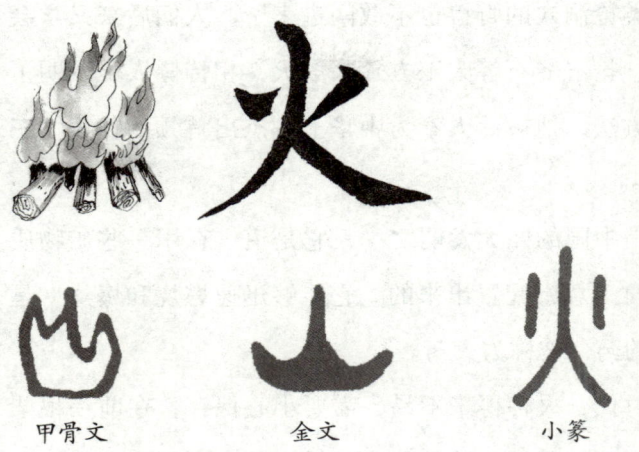

甲骨文　　　　　金文　　　　　小篆

　　"火"是个象形字，甲骨文描摹的是一团燃烧冲腾的火焰形象。篆文的形体线条化，不过还是能看出火苗冲腾的样子。

　　在没有火的年代，原始人类住在深深的洞穴中。靠采集野果捕捉小动物为生，东西都是生吃的，而且还常常挨饿。因为要躲避野兽的伤害，他们不敢随便出去寻找食物。自然的山火常是雷电将树木击燃了，蔓延的大火烧毁了人们生活的森林，害得他们四处奔逃。人们在火熄之后返回，找到许多烧死的野兽，他们发现，烤熟的肉比生肉好吃得多！慢慢地，人们学会了把火种带回到洞穴中，让它昼夜长燃不熄，阴冷的洞穴从此变得又暖又亮。更使原始人惊喜的是，有了火，和人类抢洞穴的野兽也不敢闯进来了。人们后来又学会了靠钻木、打击燧石等人工方式来取火，相传燧人氏发明了人工取火方法，他被后人奉为中华上古杰出首领的代表"三皇"之一。

火药是中国的四大发明之一，它是道士在用一些矿物质炼制丹药时无意中配置出来的。它能够迅速燃烧和爆炸，是能够着火的药，被称为火药。

远古时代，火种得来不易，需要小心保存，在前一根柴烧完之前，要赶紧把火传给后一根柴烧着，这样火种才会永远不熄灭，叫作"薪火相传"。后来人们用来形容师生传授，学问和技艺一代代继承相传下去，也用来比喻形骸虽然有尽，但精神不灭。

薪火相传

tǔ

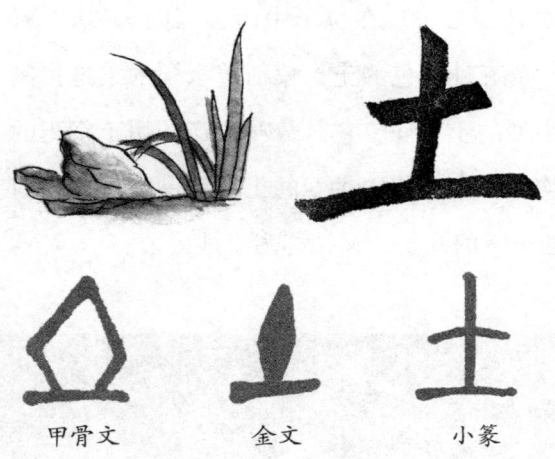

甲骨文　　　金文　　　小篆

　　从甲骨文、金文的形体来看，像地上有土堆形。篆文的形体，二横表示地上、地中，一竖表示植物从土中长出，也就是能生长万物的就是大地之"土"。

　　土地生长着草木五谷，养育着万物，人们对大地充满敬畏和感恩，认为它是具有无穷力量的神灵。为报答大地的恩赐，人们每年都举行祭祀土地之神的活动，一年两次，春季耕种时举行的叫春社，祈求土地神赐福，保佑风调雨顺、五谷丰登。在秋季收获时举行的，称为秋社，向土地神报告丰收的喜讯，答谢它。

　　古代社会以农业为本，祭土地是上至天子王公，下至小民百姓一年中的大事。官方修建有专门祭祀土地神的地方，明清两代的是社稷坛（现在位于中山公园内），坛上有青、红、白、黑、黄五种颜色的土，象征着全国的土地；民间则自发修建有小型的土地庙，它是分布最广的用于祭祀的建筑，乡村各地均有分布，庙中供奉的土地神一般是白须白眉，慈祥可亲的老爷爷的样子，又被称为土地公公。

坛是古代举行祭祀、誓师等大典用的土和石筑成的高台。

yù

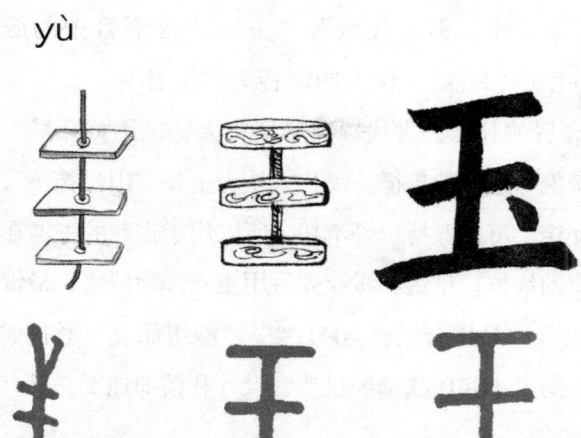

甲骨文　　　　　金文　　　　　小篆

　　"玉"字是个象形字。甲骨文像用一根绳子串着三块玉石。金文和小篆都很像"国王"的"王"字，其实不一样，"王"字三横间的距离不相等，上空小，下空大，而"玉"字的三横则是等距离。后来为了避免与"王"字相混，所以才加上一点写为"玉"。这一点可以理解为玉也有不完美的瑕疵。

　　"玉"的本义是温润而有光泽的美石。玉石温润、坚硬、纯洁，有光泽、声音清扬，古人崇敬玉，把玉的温润而坚硬的品质之美引申为仁、义、智、勇、洁五种品德的象征。君子随身佩玉，玉不离身。不仅仅是为装饰美身，而且还是为了使言行符合玉德，符合社会的伦理道德观念。人们称人坚守美德是"宁为玉碎，不为瓦全"。"玉"还是语言中的敬词，称人的容貌为"玉容"，称人的声音为"玉音"。

玉是一种高贵的礼器，古代以苍璧祭祀天神，用黄琮祭祀地神。玉又是身份和地位的象征，汉代人认为玉是"山岳精英"，将玉置于人的九窍，可以保持尸骨不朽，所以用于丧葬的玉器在汉玉中占有重要的地位。皇帝和贵族死后用玉衣作为殓服，最贵重的为金缕玉衣，它是用金丝将4000多玉片编缀而成，形状如人体，每块玉片的大小和形状都经过严密设计和精细加工，具有高超的手工艺水平。

以"玉"作为组成部分所组成的汉字，大都与玉石有关。"璧"是一种中央有穿孔的扁平状圆形玉器，它是中国古代最重要的玉礼器之一。

金缕玉衣

"金缕玉衣"是中国汉代皇帝和高级贵族的殓服。按照逝者的身形，用金丝将玉片编缀成衣。每块玉片的大小和形状都经过严密设计和精细加工，缝制一件玉衣需要100个工匠耗费两年时间才能完成，费用大体相当于100户中等人家家产的总和，价值连城。

·汉字王国·

shí

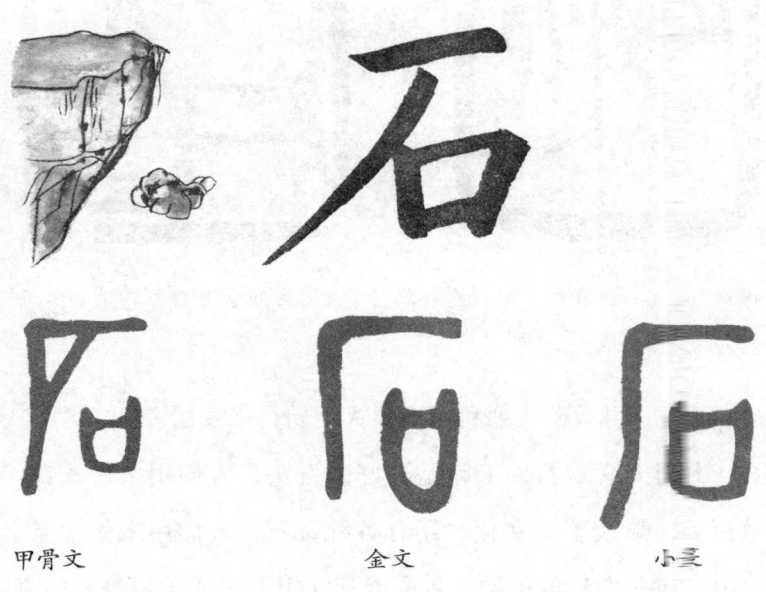

甲骨文 　　　　 金文 　　　　 小篆

　　"石"是个象形字，上面像山崖，下面有一块大石头。

　　石头是人类最早的劳动工具，在石器时代，人们用石头做成石刀、镰刀、石棒等。石，在人们生活中的作用太大了！中国古代有女娲用石补天的神话传说：水神共工与火神祝融交战，共工战败，气得用头去撞天地之间的支柱不周山，导致天塌地陷。"创世女神"女娲炼制了五色石，用来

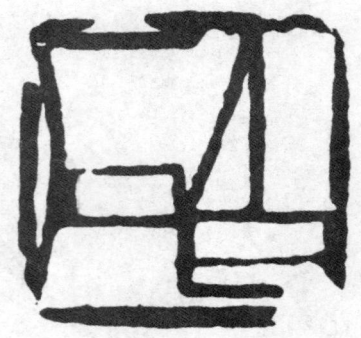

中国大画家傅抱石的名印：抱
石。

中国大画家齐白石的名印：白
石。

补好天空，并灭除了恶兽猛禽，人类始得以安居。

　　中国人喜欢石，玉就是美好的石头，人们用来做配饰、做礼器，形成了玉文化。还有各种奇石，人们用来做盆景、假山，在一方长盈尺的盆景中展现江山万里或千岩争秀的奇观。石，在意向上代表了大自然的山水之美。中国画家大多喜欢名字中含"石"字，如明代大画家石涛，现代大画家齐白石、傅抱石。

shān

| 甲骨文 | 金文 | 小篆 |

　　甲骨文、金文的"山"字，描摹了三个山峰连绵而成的一座山的形状。在篆文中，"山"字线条化了。

　　中国是一个多山的国家，名山众多。其中最著名的是三山五岳，其中的三山传说是神仙居住的神山，名叫蓬莱、方丈、瀛洲，这三座神山在人世间缥缈难寻，人们就把安徽的黄山、江西的庐山、浙江的雁荡山列为三山。古代的人们把位于中原地区的东、南、西、北方和中央的五座高山定为"五岳"，分别是东岳泰山、西岳华山、北岳恒山、中岳嵩山、南岳衡山。它们是封建帝王仰天功之巍巍而封禅祭己的地方，更是封建帝王受命于天，定鼎中原的象征。

这是宋代画家米芾的画作，表现了烟雨中的云山。

　　泰山高大雄伟，挺拔入云天，被誉为"天下第一山"。孔子说"登泰山而小天下"，泰山被视为崇高、伟大、神圣的象征，有"五岳独尊"之说。泰山封禅是历代帝王的追求，封禅是一种规模盛大的祭祀天地的典礼活动，其隆重的程度超过帝王登基的仪式。因为帝王自称受命于天，泰山高耸入云，接近天神，帝王在这里向天神报告天下太平，答谢上天的保佑，更要报告自己的政绩如何显赫。只有在国家鼎盛、天下太平时，帝王才有资格去泰山封禅。

·汉字王国·

xué

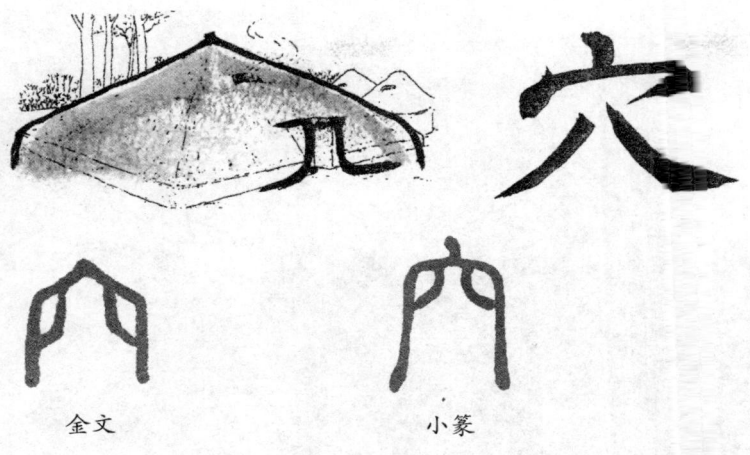

金文   小篆

　　"穴"从金文、篆文的形体来看，像有窗口可以通风的洞、居所或土室之形，是古人用来居住的土穴，里面的圆弧像是窗口、挖痕，是个象形字。"穴"的本义为古人居住的半地下的土室、洞穴。

　　在远古时代，先民是利用天然的洞穴栖止，后来才懂得营造更适合于人类栖止的住所。起初的建筑情况相当简陋。在黄土地带，古人多在平地掘出类似地窖般的窟穴，上面以树枝等构起顶盖，并苫之以茅草或兽皮，这种带有顶盖的半地下式的建筑也叫"穴"，是对以前自然洞穴名称的沿袭。

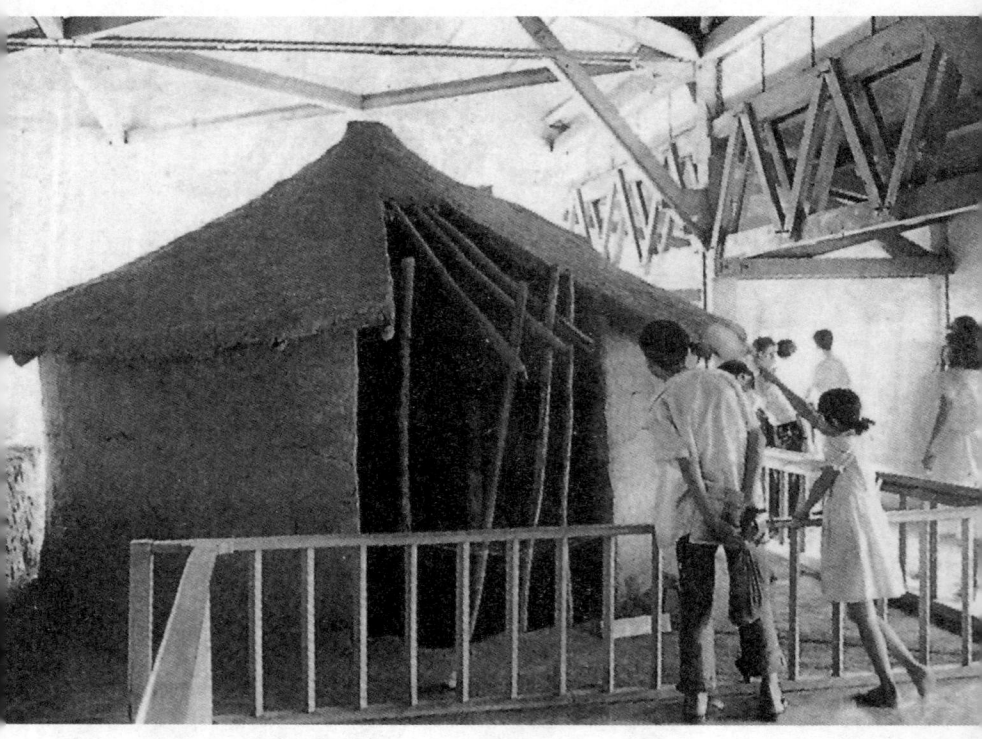

半坡村圆形房的复原图

yǒng

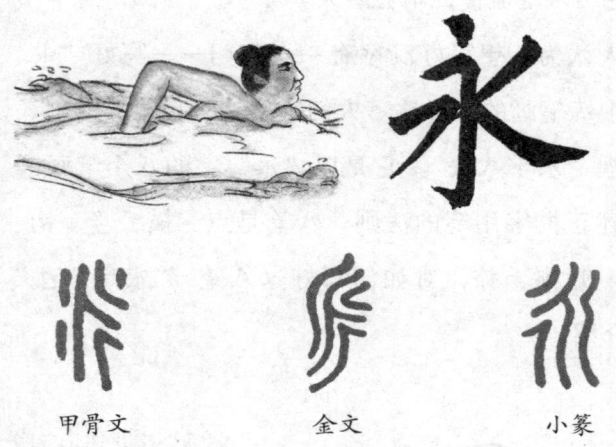

甲骨文　　　　　　金文　　　　　　小篆

　　"永"的古文字形，描摹了一个人在水中游泳的形象。

　　"永"字最早的意义是表示游泳，后来多用来指水流源远流长，人们于是加"氵"旁作"泳"来表示它游泳的原意。在古老的诗歌集——《诗经》中，有一篇叫作《汉广》，其中说"汉之广矣，不可泳思。江之永矣，不可方思。"意思是说汉水宽广无边，不可以游过去。汉水长又长，不可以乘木筏渡过去。诗中前一个"泳"表示游泳，后一个"永"则表示水流长的样子。

　　水流长远，又引申出长久、长远的意思。以前，人们在给长辈写信时，末尾常有"躬祝永年"的话，也就是"祝您长寿"的意思。人们纪念英雄，会说"永垂不朽"，表示他们的精神美德会永远流传，不会磨灭。

中国古人认为，想写好汉字有一个窍门——写好"永"字是一个集中练笔画的好办法。人们练书法，一般从楷书入手，需要掌握"永字八法"。它是以"永"字的八个笔画顺序为例，阐述正楷字用笔的法则。八笔是点、横、竖、钩、仰横、长撇、短撇、捺，对如何写好这八笔，"永字八法"作了详细的介绍。

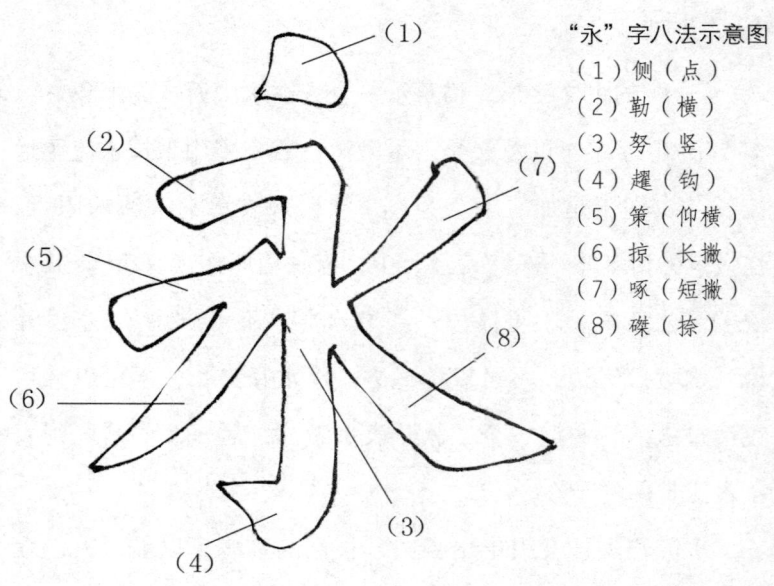

"永"字八法示意图
（1）侧（点）
（2）勒（横）
（3）努（竖）
（4）趯（钩）
（5）策（仰横）
（6）掠（长撇）
（7）啄（短撇）
（8）磔（捺）

·汉字王国·

（叁）

汉字与人及人文

博采众美，合而为字。

——唐代学者张怀瓘

nán

明代耕织图

　　"人"是个象形字，它的甲骨文和金文都像一个脸向左边看、侧面站立着的人，他微躬着腰，双手举到前面，颈背微微前倾，像是正在接受或者奉献东西，显得毕恭毕敬。小篆与甲骨文、金文相似，但看上去像一个弯着腰的人，垂着长长的袖子。楷书由小篆演变而来，却是已经迈开步的样子了。

rén

甲骨文　　　　金文　　　　小篆

　　"人"的本义就是指人类，是由类人猿进化而来的，是能制造工具改造自然并使用语言的高等动物。在中国传统文化中，绝大部分的圣贤把是否具有伦理观念和道德意志作为区别人和其他动物的根本标志。人是天下万物中最可贵的，这样的观念深深扎根于古人心中，人虽是天地所生万物之一，但是可与天地并列为三。中国古人讲人"与天地参"，就是这个意思。

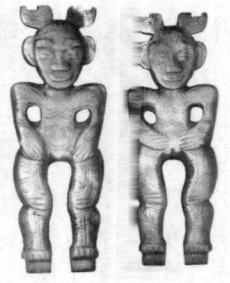

cóng　　　　　bĕi　　　　　bĭ

从　　　北　　　比

"从"是个会意字，有两个人面朝左边站着，一个人跟着另一个，表示跟随。

"北"最初可不是表示朝北的方向，它的甲骨文和金文是两个人背靠着背站着，面朝相反的方向，表示相背、背离。后来，"北"用来表示方向了，就又在"北"字下面加个"肉"字，表示背。

"比"和"从"很相似，也是两个人在一起，不过他们面朝着右方，肩并着肩站在一起，是会意字，表示并列、并排。

fū

甲骨文　　　　　金文　　　　　小篆

　　"夫"的古文字形是一个正面站立，张开四肢的人，人的头上横插着一根簪子，表示成年男子。古代男子长到20岁的时候，把头发扎成一束，并用簪子绾住，表示已经成年。

　　古代的成年男子一般身高八尺，一尺相当于现在的23.1cm，在周朝的制度中十尺为一丈，故成年男子求称作丈夫。男子成年后，可以与女子结为夫妻，所以丈夫又用作女子的配偶的称呼。

　　人们把有学问的人称为夫子。孔子是儒家思想的创始人，他多才多艺，知识渊博，被人们尊称为孔夫子，供奉和祭祀他的庙宇被称为夫子庙，南京的夫子庙很有名。

南京夫子庙

孔夫子像

mù

甲骨文　　　　　　金文　　　　　　小篆

　　我们的祖先在造字时，起
初是按实物外形来造字。"目"
字就是根据人的眼睛外形造
出来。甲骨文、金文的"目"
字，是一只眼睛的形状，中间
是眼珠，周围是眼眶，两旁是
眼角，有的甲骨文形体的眼珠
中还有一个黑点，表示瞳孔，
非常逼真。篆文形体把眼睛竖
立起来了，眼眶被拉成四方

角，不大像眼睛了。

　　眼睛的主要功能是看东西，观察世界。一个人眼睛里什么都没有，是"目空一切"，表示这个人十分骄傲自大，把什么都不放在眼里。

　　目是人面部最主要的器官，对人的形象来说很重要。《诗经·卫风·硕人》中描写一个美人是"巧笑倩兮，美目盼兮"，笑起来很漂亮，美丽的眼睛顾盼有神。如果一个人容貌清秀俊美时，人们常常会说他"眉清目秀"；而一个人看上去就很善良的样子，人们就会说他是"慈眉善目"；而一个人生气的时候，眼睛会变大，眉毛竖起来，是"横眉怒目"了。

　　一个人，特别注意睁大眼睛，就是见到了什么，这就形成了一个会意字：見。

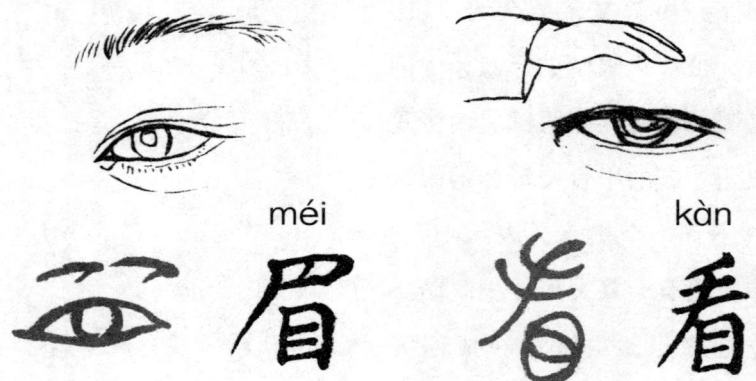

méi　眉　　　　　　kàn　看

shǒu

金文　　　　　小篆

　　金文、篆文的"手"字，像一只手掌五指张开的正面形状，下面还画出了向左弯曲的手臂，是一只左手的样子。我们现在把手指张开的叫作手，而手指握在手掌中则叫作拳。

　　手是人体的上肢，进行劳作的最主要器官。人们说开始去做某项工作，是"入手"，事情做成功了，是"得手"了。人们用自己的双手去劳动，各行各业都会产生许多能干的人，我们把这些擅长某种技能的人称为"能手"。

　　用"手"构组的新字，词义与"手""手的动作""用手做的事"有关，如"指"可以表示手指头，也可表示用手指方向。如唐代诗人杜牧有一首描写清明节的诗：'清明时节雨纷纷，路上行人欲断魂。借问酒家何处有，牧童遥指杏花村。"手可以用来扑、打、拍、抢、找、扣、掰、拔、抬等。

zú

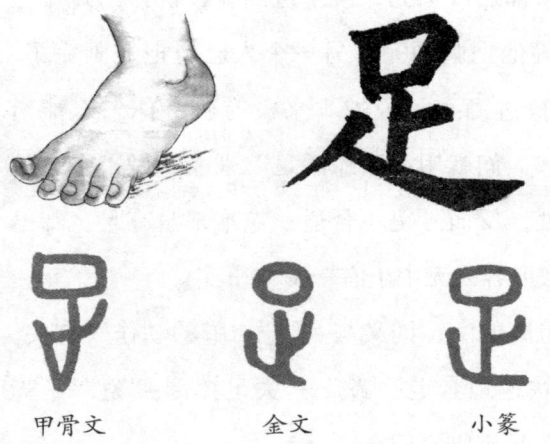

甲骨文　　　　金文　　　　小篆

　　足就是人的脚，甲骨文的"足"字，描绘了一脚趾、脚掌、脚踝俱全的人脚的形状。金文的字形有所简化，保留了脚趾、脚掌的形状，用了一个圆圈来表示膝盖。

　　脚是用来行走的，人们常说"千里之行，始于足下"，表示走一千里路，是从脚下第一步开始的，用来比喻事情是从头做起，逐步进行的。一个人脚步快捷，就能比别人先到达目的地，最先登上高峰，叫作"捷足先登"，形容人做事快捷能比人抢先一步获得所求。

　　后来，"足"的词义范围缩小，引申指动物用以行走或奔跑的腿或脚。有一个寓言故事讲一群人分一壶酒，约定在地上比赛画蛇，谁先画好，酒就归谁喝。其中一个人最先把蛇画好了，他看大家都还没画完，就拿过酒壶，说再给蛇添上几只脚。可还没等他把脚画完，另一个人已经把蛇画完了。那个人从他手中抢过酒壶，说蛇本来没有脚，你怎么能给它添上脚呢。后来人们就用"画蛇添足"来表示做了多余的事，非但没有好处，反而弄得不合适；蛇本来没有足，却给它添上足，也用来形容人无中生有，虚构事实。

　　用"足"构组成的字，词义与"脚""脚的动作"有关。如："跑"是用脚快速地奔走；"跌"是失足摔倒；"跫"是脚踏地的声音；"踅"是用脚来回走。

画蛇添足

zǒu

金文　　　小篆

　　金文的"走"字，上面是一个人甩开手臂向前大步奔跑的样子，下面的"止"代表脚，表示用脚奔跑，急行。因此，"走"的最早的意思是跑。

　　在古代，人们把跑叫作"走"，把走路叫作"行"。人们说"飞禽走兽"，是指飞翔的禽鸟和奔跑的野兽。唐代诗人孟郊考中科举后，写过一首《登科后》的诗，诗中描写他得意的心情，在一天内骑在奔跑的马上观看完了长安城里的春花。后来人们就用"走马观花"表示大略地看了一下。

　　古代官员奔赴任职，往往骑着马去，叫作"走马上任"，后来也用来指接任某项工作。到了后来，"走"字的意义渐渐由跑步转变为步行。

春风得意马蹄疾，一日看尽长安花。

——唐代孟郊诗句

chǐ

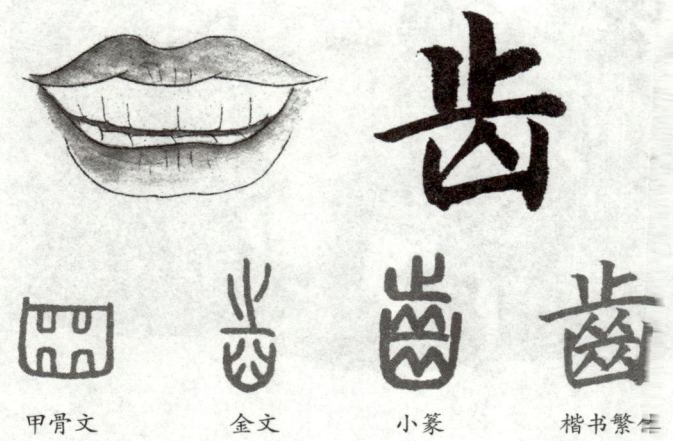

| 甲骨文 | 金文 | 小篆 | 楷书繁体 |

从口往里看，就可以看到牙齿。"齿"的甲骨文，像张开的大嘴巴里露出上下两排牙齿的形状。在金文、篆文的形体中，上面多了一个"止"字来表示读音，就变成了形声字。

牙齿是可以用来咬磨食物的器官，一个人出生后不久就会长出牙齿，一直到老，牙齿才会脱落，因此人们说"没齿不忘"，是到老了，牙齿都掉没了，还是不会忘记，常用来表示对别人的恩德会终生不忘。

牛和马可以通过数牙齿来知道它们的年龄，也引申指年龄，岁数。人们用"马齿徒增"来谦称自己年岁白白增加了，虚度了年华，没有作出什么成就。

líng

 龄

·汉字王国·

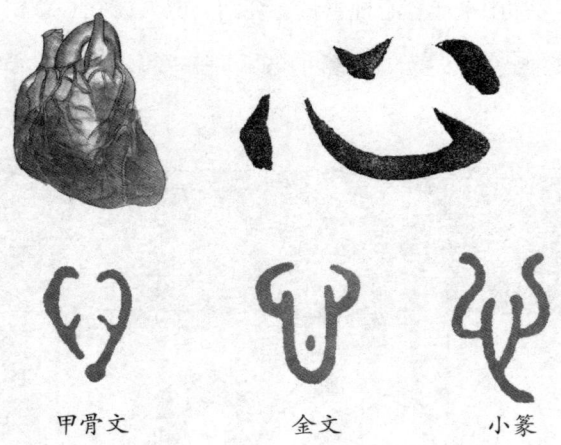

xīn

甲骨文　　　　金文　　　　小篆

　　"心"是个象形字。从甲骨文的形体看来，像人和动物心脏的形状，上面的左右短斜线是心脏上的血管。金文和小篆书写更为规范，也更抽象了。演变到楷书，就很难看出这个字的原形了。

　　中国传统医学经典著作中成书最早的一部医学典籍《黄帝内经》中说"心主身之血脉"，这与心脏主血液循环的认识相吻合。

　　古人认为心是人感情与思想的器官，因此用"心"字泛指人的意识、思想、感情和志愿。比如我们说一个人的"心思""心情""心愿"，这些词里面都有"心"。

中国人认为初生婴儿没被世俗污染，有一颗纯洁无瑕的心，称作"赤子之心"，常用来形容心地善良、纯洁。两人彼此心意相通，不用言语，就能互相了解，好像两颗心印在一起，叫作"心心相印"。

nán

甲骨文　　　　　　　　金文　　　　　　　　小篆

　　在古代的农业社会，男耕女织。古人在造"男"字时，表现的就是男子用耒在田里耕作的形象，"力"是一种叫耒的农耕工具，形状是一根下部弯曲的木棍，木棍的下部装有一横木，用来踏脚，木头顶端分叉为齿形，是踏耒。使用时，人用脚踏住横木，犁头向前移动，可以用来走土和松土。

　　中国古代讲究男女有别，在商周时期，孩子生下来后男孩玩耍玉器，女孩玩耍纺线的纺锤。长到7岁，男女就不能在同一块座席上坐，不在一起吃饭。10岁时，男孩外出求学读书，学习诗书、射箭、驾车，20 岁的时候学习礼仪。女孩在家学习织布做衣服，准备祭祀所需要的东西。

清代《红楼梦》插图，表现了男主人公外出求学、女主人公守候家中的情景。

nǚ

| 甲骨文 | 金文 | 小篆 |

　　"女"字是个象形字。甲骨文、金文的"女"字，都表现了一个两手交叉身前、跪坐着的女子的形象，显现出温柔顺从的姿态。

　　"女"最初的意义是指未出嫁的女孩子。在很长的一段时间里，人们把未出嫁的女孩子叫作"女"，已出嫁的女孩子叫作"妇"。在西方，是上帝造人；在中国，是女娲造人，她是人类的母亲。

　　中国锦绣河山不但英才辈出，也孕育出无数佳人，古代佳人中最著名的就要数四大美女了：西施、王昭君、貂蝉、杨贵妃。她们容貌出众，而且都对当时重大的政治事件产生了传奇式的重大影响。

　　民间分别以"沉鱼""落雁""闭月""羞花"来代称四大美女。相传西施在江边浣纱时，水中的鱼儿看到她的容貌，都惊艳得沉入江底。昭君出塞时在马上弹起思念故乡的《出塞曲》，天上大雁听到也肝肠寸断，纷纷掉落在地。貂蝉在花园中拜月时，月亮比不过她漂亮，就赶紧躲在云彩后面去了。杨贵妃在御花园观赏牡丹时，百花失色，羞愧不及玉环美貌，遂闭上花瓣。

mǔ

母

甲骨文　　　小篆　　　金文

　　"母"字是个象形字。甲骨文是面部朝左曲身盘坐的女子，双手交叉身前，温柔顺从。女子有奶水，是做母亲的重要特征，甲骨文用两个黑点儿表示这个女人已袒胸露乳（准备哺乳）、乳峰高耸的样子。金文的形体与甲骨文基本上一样。小篆由金文演变而来。楷书的写法，大轮廓就似一个

"女"字，两个乳房的象征依然存在。

"母"字的本义就是指哺育抚养我们长大的母亲。母爱是无私而伟大的，唐代诗人孟郊的《游子吟》是中国古代诗歌中最著名的对母爱的颂歌，诗中以最朴素而又最真诚的语言吟颂了这伟大的人性之美："慈母手中线，游子身上衣。临行密密缝，意恐迟迟归。谁言寸草心，报得三春晖？"

hǎo

甲骨文　　　　金文　　　　小篆

　　中国古人崇尚多子多福的观念，提倡孝道，认为没有后嗣是最大的不孝。因此，衡量一个女子重要的标准是能否生育，"好"字由"女"和"子"两部分组成，表示妇女生育有子，就是好。

　　女子貌美也称为好。汉乐府诗《陌上桑》："秦氏有好女，自名为罗敷。"意思是秦家有位美丽的女子，她的名字叫罗敷。

　　由女子貌美引申泛指美善。花儿开得正好，月儿正圆，寓意美好圆满，所以在日常生活中，人们常常用"花好月圆"来祝福新婚的人以后生活能美满如意。"百年好合"也

常用来祝福夫妻永远和美，和睦融洽。

　　美好的东西自然会讨人喜欢，所以"好"又可以引申表示爱好、喜欢。春秋时，楚国有个姓叶的贵族很爱好龙，他衣服的带钩上刻着龙，酒壶、酒杯上装饰着龙纹，房檐屋栋上都雕着龙的花纹图案。天上的真龙听说后，降落到他的家里。叶公一见到真龙，却吓得转头就跑。可见叶公不是真喜欢龙，而只是喜欢那些似龙非龙的东西罢了！后来人们就用"叶公好龙"来形容人表面上喜欢某种事物，而实际上并不是真正的喜欢。

花好月圆

xiào

甲骨文　　　　　金文　　　　　小篆

　　"孝"字在甲骨文和金文里，都表现了一个孩子搀扶着一位老人走路的样子，孩子非常虔敬，老人行走得很安稳。

　　中国人认为，孝顺是天经地义的事情，那么，什么是中国人所认为的孝顺呢？《论语》里说，父母在世时，用恭敬的心爱护父母，态度和悦，行为规矩而且礼貌，爱护自己的健康，努力做好一切事情，不让父母为自己担忧。父母过世了，尽心地主持葬礼，以后的日子，时常缅怀他们，遵循效法他们那些作为我们榜样的正义、道德、礼貌的言行，能做到这些，就是中国的孝了。

中国传统文化认为，亲情是一切社会感情的基础，一个人对亲人有真挚深厚的亲情，才可能对其他人有真挚的情感，对家庭、社会有责任心。

jiāo

·汉字王国·

yǒu

甲骨文　　　　金文　　　　小篆

　　甲骨文和金文当中的"友"字，都是方向相同的两只右手靠在一起，表示志同道合地做一件事情。到了楷书，上部的一只右手变成了一只左手，看起来就像两只手搭在一起，这样便于书写，字形也很好看。

　　"友"的本义就是指朋友。中国古人说："同志为友。"朋友就是与自己志同道合的人。我们想要了解一个人，最简单的方法是看看他结交的都是什么样的朋友。选择交什么样的朋友对一个人来说非常重要，伟大的孔子曾经对结交朋友发表过这样的观点，他说："益者三友，损者三友：友直、友谅、友多闻，益矣；友便辟，友善柔，友便佞，损矣。"

松、竹、梅被称为"岁寒三友"，严冬季节，万木凋零，唯有松竹的颜色依旧；数九寒天，百花失色，唯有梅花凌风傲雪。人们赞颂松、竹、梅不畏严寒的高洁品格，说它们是可伴冬寒的三位益友。"岁寒三友"，后来用来比喻忠贞的友谊。

现代·张大千《岁寒三友图》

·汉字王国·

ài

小篆　　　　繁体楷书

使人类生生不息的是这个爱!

使一个人有生命力、幸福感的也必须有这个爱!

一个身心健康的人,有生以来就会有两种愿望:爱和被爱,人生的圆满,就是两者兼得。

《诗经》第一篇就是写爱情:"关关雎鸠,在河之洲。窈窕淑女,君子好逑……求之不得,寤寐思服。悠哉悠哉,辗转反侧。"一个男青年爱上一个美好的采荇菜的女子,时时刻刻忘不了,翻来覆去睡不着。这种情感,几千年了,人们还是十分熟悉。

爱是一种发自内心的真挚的情感。解说汉字的经典·说文解字》解释"爱"说，爱是付出行动。篆书的"爱"由三部分组成：上部是一个深呼吸的人的形象，中间是一个"心"字，下部是脚，表示行动，也表示心有所系，难以离开，就是舍不得。男女之间的爱恋，是至真至纯的美好情感体验，是一种强烈的互相吸引。人们爱亲人、爱祖国也是一种深深的眷恋。中国古代诗人屈原在离开故国时，一步一回头，他说，飞鸟飞得再远也要返回它的老巢，狐狸死时头要朝向出生的土岗。

爱是情感的付出，爱到深处，会付出全部的心血和生命。

rén

金文　　　　　小篆

　　"仁"的本义为亲近。"仁"字的左边是一个侧立的人形，右边是数字"二"，表明仁是指人与人之间和谐相处的关系。

　　仁是中国古代儒家思想中最重要的一种道德观念，影响深远。孔子，春秋时代人，儒家思想的创始人，他的学生樊迟曾经向他请教什么是仁，孔子的回答很简单，兑爱人就是仁，意思是人与人之间相亲相爱就是仁。后来学生子张向孔子求教怎么样才能达到仁，孔子告诉他，如果天下能实行"恭、宽、信、敏、惠"，就能达到仁了。人只要做到谦恭、宽厚、守信、勤敏、慈惠，就能做到仁了。实际上，在孔子那里，仁就是人与人之间一种良好互动的总关系，具体可表现为对父母要孝顺，敬爱兄长，与朋友相处要守信，对国家要忠，对人要有爱心，自己不想要的就不要强去施加给人。总之，仁是人要约束自己，力求使自己的行为符合礼的规范，从而使人与人之间的关系达到一种理想的境界。

战国时期，各个诸侯国之间纷争不断。孟子在孔子"仁"说的基础上，提出了"仁政"说。他主张统治者改善民生，使百姓安居乐业，人民有恒产才有恒心，在此基础上，修德行教，使仁爱之心推而广之，国家才能稳固，天下才能得到治理。

·汉字王国·

yì

| 甲骨文 | 金文 | 小篆 | 楷书繁体 |

　　"义"字上面是个"羊"字，美好的意思，下面是个"我"。这个字的意思是：一个人做事，符合正义的原则，才是适宜的。

　　如果拿"义"字和"仁"字作对比，"仁"字是强调人与人的关系要好，仁者爱人，属于公德的范畴；而"义"字是强调自己做事要正义、适宜，属于私德的范畴。中国历史中的汉代，是十分重视私德的时代，孕育出了汉末关云长这位以"义"感动了无数中国人的楷模，直到今天，世界上有华人的地方都有被供奉的关公（关羽，字云长）像。

孙中山先生像。孙中山先生倡导天下为公，公平正义。

甲骨文　　　　金文　　　　小篆

　　甲骨文、金文的"礼"字，描摹了一个高足的古代称为"豆"的器皿中盛放着两串玉石的样子。在商朝时，人们把美玉放在器皿中来祭祀神灵。所以"礼"最早的意思是祭祀时用的礼器。小篆的"礼"字由"示"和"豊"两部分组成，增加了一个"示"字，示是在石台上摆上祭品祭祀，表示与祭祀有关的事情。隶变楷书后写作"禮"，汉字简化后写作"礼"。

　　原始的礼起源于先民对神灵祖先的敬畏而举行的祭祀活动，周王朝建立之后，周公在夏礼和商礼的基础上，制定了一整套礼制，史称"周公制礼"。到了春秋时期，礼的内涵扩大，成为社会政治的典章制度、行为准则及道德规范。

礼的内容非常广泛，大到国家的政治制度、重大活动，小到个人婚姻、丧事、成人礼仪等日常行为都有详细规定。礼仪渗透到社会生活的各个方面，大致分为吉礼、凶礼、军礼、宾礼、嘉礼，合称"五礼"。中国号称礼仪之邦。西方有"教堂"，中国有"礼堂"（演礼的场所），不懂礼，就不能懂中国文化。但礼要以真实感情为基础，过于烦琐的礼会束缚思想创新。

《红楼梦》中元妃省亲之礼
《红楼梦》是中国古典文学名著之一。它以由鼎盛走向衰亡的封建贵族家庭的日常生活，以及生长其中的男女主人公的爱情悲剧为主线，展现了穷途末路的封建社会终将走向灭亡的必然趋势。

shū

甲骨文　　　金文　　　小篆　　　楷书繁体

　　"书"在金文、篆文中，均上下分两部分，上半部是一只手握着笔在书写，下面是书写的文字。"书"的本义就是用笔书写。用笔书写汉字，发展出了中国独有的艺术——书法。

　　中国人一直认为一个人的字迹就是他心迹的流露。人们习惯于从一个人的字迹来进一步了解他，认识他，因为字迹总是流露了书写者的性格、心情、习惯。俗话说"见字如面"，中国历来都重视写字，很多读书人都写得一手好字。汉字本身起源于象形，天生就有艺术美的元素。汉字的书写又可以与万物万象作比拟，用笔墨来抒情，这就是书法——它含有深厚的文化底蕴，能够表达丰富的思想感情，展现多姿多彩的艺术风格。书法是一个无穷无尽的艺术世界。

"书"还指图书，中国历代对图书都极为重视，每到太平时代，国家都会把整理图书作为大事，称为"盛世修典"。著名的《永乐大典》《四库全书》就是这样产生的。

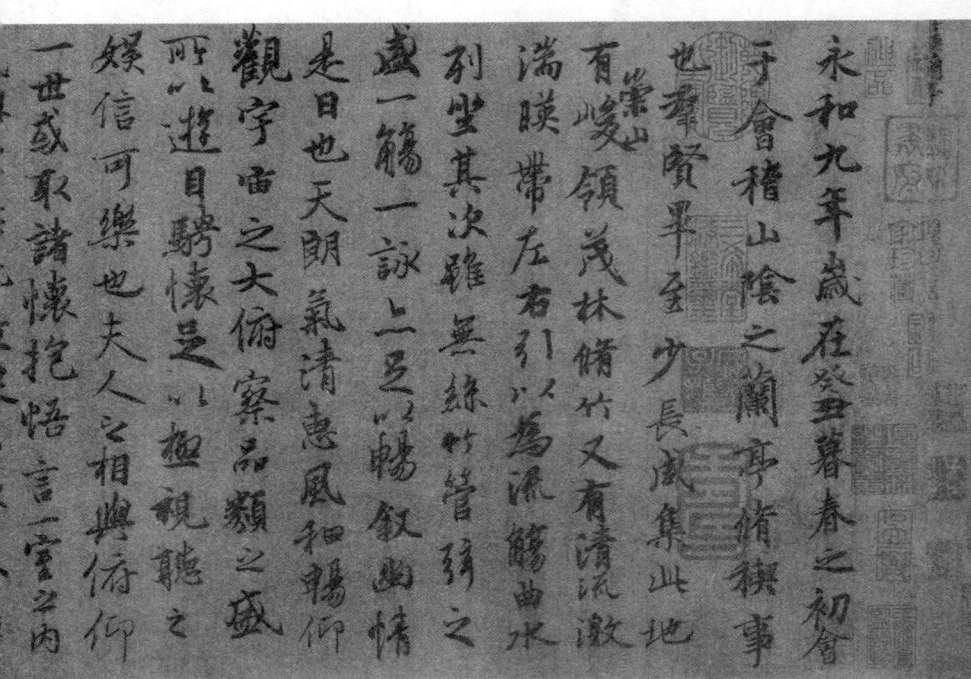

东晋·王羲之《兰亭集序》(部分)
王羲之被中国人奉为"书圣"，《兰亭集序》被誉为"天下第一行书"。

huà

甲骨文　　　　金文　　　　小篆　　　　楷与繁体

　　"画"在甲骨文中，一只手拿着一支树枝在地上画着交叉的线条，在作图画。金文中，上面是一只手执笔的样子，下面是一块田，表明在划分田界。

　　传统西画植根于雕塑和建筑，中国画则植根于工学和书法。在汉字的造字之初，人们写字就是画画，书画同源，中国画用线条来表现，富有笔墨意趣。西画重立体感、空间感、科学性和工艺性，而中国画重意境、情感和书法笔致。

　　中国画和西方画最大的区别就在于，后者努力的目标，是精心细致地再现事物的原貌（其现代派的"变形"只是变形而已），前者则力图传达出事物的内在神韵。比如画人物，西洋画讲究在三维空间（上下、左右、前后）中描绘出人物的真实影像，其创作往往凭借科学的人体解剖，以具体深入的形象刻画为胜，有时甚至毛发毕现。中国画呢，它不是忽视人物的外形描绘，但相比起外貌写真来，它更强调表现人物内在的精神风貌，就是所谓"传神"，这是中国画的画家们一直坚守的艺术表现原则。

顾恺之《洛神赋图卷》

·汉字王国·

wǔ

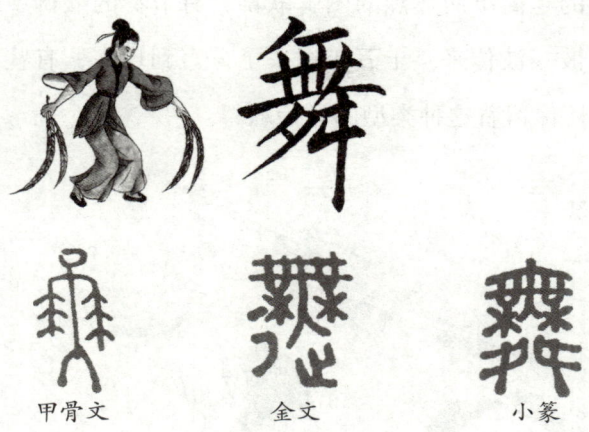

甲骨文　　　　　　金文　　　　　　小篆

　　"舞"字所表现的是，一个人情不自禁，舒展口度，拿了两条牛尾就跳了起来。

　　人是有感情的动物，当情感强烈到连语言和歌□都不能表达的时候，就跳起舞来。我们的历史里，有很多□字已经不能知道它的原意了，声音早已随时光远去，但是当我们看到遗留在石壁上、陶器上、画片上和丝织物上的一幅幅舞蹈的画面，我们就能身临其境地感受到画中人的兴奋、哀伤和虔诚。看看这六千年前的中国马家窑文化中著名的"舞蹈彩盆"。盆内画有手拉手跳舞的人们，每组五个人，一共画了三组。在那远古的黄河边上，在一个喜庆的夜晚，人们围着篝火载歌载舞。透过篝火，一排舞动的身影生动活泼、纯朴天真。他们跳的是简单而热烈的图腾歌舞，有节奏的歌舞声随着黄河水一波一波传来。千万年过去了，直到现在，有些少数民族部落还保留着这种类型的原始歌舞。

唐代著名的舞蹈家
公孙大娘舞剑器

jì

甲骨文　　　　　金文　　　　　小篆

"祭"是一个会意字，像一只手拿着肉放在祭台上，表示用肉来祭祀和供奉神灵、祖先。

祭祀是人们按着一定的仪式，向神灵或祖先致敬和献礼，求其降福免灾，使自己得到庇护。中国的祭祀文化具有多重性，人们祭祀的对象有很多，大致可分为天、地、君、亲、师。祭天地源于自然崇拜，中国古代认为天是至高无上的神，主宰世间一切，以地配天，化育万物，祭祀天地表示顺服天意，感谢上天造化。古代君王宣扬君权是上天授予的，是统领国家人民的，因此君主是国家的象征，祭祀君主有祈求国泰民安的意思。祭师就是祭祀圣人，孔子开创了儒学传统，是万世师表，人们有祭祀孔子的传统。

祭亲就是祭祖，是由人们对祖先的崇拜发展而来的。殷商时期人们对祖先神的崇拜尤为突出，在河南安阳殷墟出土的甲骨卜辞表明，殷人对祖先进行频繁复杂的祭祀活动，祭祖活动在周代就已形成定制。最初人们祭祖，是源自于对祖先的敬畏和祈求祖先保护，往往厚葬并用人和牛马等殉葬，并定期供奉酒食玉帛，后来发展为对祖先的思念，人们烧纸钱供祖先使用。

中国古代的祭祖汇成了一种传统，祖先祭祀成了各种祭祀中最重要的一种。在各个家庭中，祭祖是一年中最重要的事。

jiǔ

| 甲骨文 | 金文 | 小篆 |

酒是一种用谷物或果类发酵制成的液体饮料。"酒"的古文字形，右边是一个酒坛子，左边的水表示液体，表明酒水。

相传仪狄是中国最早的酿酒人，他是夏朝人。大禹的女儿见父亲治水辛苦，不思饮食，于是就令仪狄造酒。仪狄通过多次尝试，酿出了美酒，大禹品尝后，觉得十分醇美。他担心从此沉醉在美酒中而懈怠政务，就疏远了仪狄，拒绝再喝酒。

他说:"后世必有以酒亡其国者。"的确,其后的商纣王筑酒池肉林,荒淫无道,最后被周武王所灭,这是因酒而丧国的例子。

后来周代推行过禁酒令,但美酒的吸引力很大。在历史上,上至国家祭祀、敬老、宴请宾客等场合,下至民间各种聚会,饮酒成风,已经成为一种文化。饮酒、盛酒的器具也比较多样化。爵,是主人向宾客敬酒用的礼器,它的形状为深腹,前面有倾酒的流槽,后有尖形尾,上有两柱,下有三足,旁有把手,盛行于商代。

xǐ

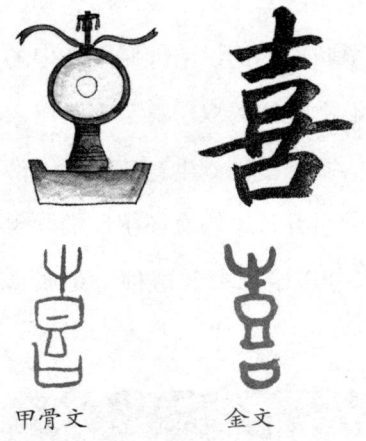

甲骨文　　　　金文

　　"喜"字在甲骨文中，上面部分像一个安放在支架上的大鼓，鼓两侧的点表示击鼓所传出的声音，下面是一张笑得合不拢的大嘴，表现了人们有喜庆的事击鼓庆贺，表达喜悦。"喜"的本义是喜庆，引申表示快乐、高兴。

　　在传统的民俗文化

中，人们的生活中有很多喜庆的事儿。结婚是一件快乐高兴的事儿，举行婚礼叫作办喜事，亲戚朋友来参加婚宴酒席是喝喜酒，结婚时散发给宾客亲友的糖果叫作喜糖，陪伴照顾新娘的伴娘叫喜娘，而且在新房里还会贴上红红的双"喜"字，以表达对新人的美好祝愿。中国人认为多子多福、生育孩子是一件可喜可贺的事儿，所以，妇女怀孕叫有喜，妇女怀孕后的脉象叫喜脉，孩子满月后将染红的蛋分送给亲友，这种鸡蛋叫喜蛋。

坤宁宫洞房中的龙凤喜床

jí

甲骨文	金文	小篆

　　关于"吉"字有两种说法：一是说"吉"字形上面□兵器，下面是容器，把兵器存放在容器中，表示没有战争了。人们生活太平美好就是大"吉"。另一种说法是，供桌上盛满物品，祈求吉祥。

　　"吉"的本义为吉祥、吉利。由吉利、吉祥，可以引申为善、美好。古

"吉祥如意"是中国人的祝愿语，□□他人美满称心。

代文献《尚书》中说："吉人为善。"意思是说好人做善事。"吉日"多指好日子、吉祥的日子。

中国人万事图个吉利，有着十分讲究的吉祥文化。在过年时，人们在大门上贴上保卫家宅平安的门神，贴上年年有余的年画，穿红衣，剪红窗花，表示红红火火，寓意吉祥如意。人们相互道贺"恭喜发财""大吉大利""吉祥如意"。

新年伊始，孩子们正在祝颂吉祥。

·汉字王国·

zhù

| 甲骨文 | 金文 | 小篆 |

　　"祝"的古文字，描绘了一个人恭敬地跪坐在祭台前，张口祷告的样子，表示祈祷、求神灵保佑赐福。

　　在古代，向神灵祭祀是一件大事。在家族的祭祀仪式中，向神灵或祖先祈祷的人通常由家族中辈分较高、年龄较长的男子担任。而在国家祭祀时，有专

门主持祭祀祝告的人来向神灵祷告，这样的人即男巫，叫作祝。

　　"祝"是向神灵祷告时，口中都念念有词，期望神灵能降福保佑。后来意义扩大，祝由向神灵祷告求福，引申为一个人通过言语向别人表达美好愿望。老人做寿时，要摆祝寿宴，亲朋好友前来祝贺，送上寿桃、寿面、布匹等礼物，祝老人"福如东海，寿比南山"。传统节日时，亲朋好友之间会互相问候和祝福。

·汉字王国·

xiān

小篆

仙是古代神话和传说中长生不死的人。在古文字中，"仙"字是由"人"和"山"两部分组成，人在山上。在古代，人们认为仙人是迁居在山上的、长生不老的人。

仙人喜欢居住在山上，因为山里云雾缭绕、风景优美，又与天相接，很容易让人充满奇异的想象。在中国神话中，昆仑山在常人难至的西方内陆，是中国神仙思想的发祥地之一。传说昆仑山上住着西王母，她拥有长生不老的药，是仙界的主宰者。

在中国众多的神仙传说中，"八仙过海，各显神通"

的故事广为流传。其中八仙是指吕洞宾、何仙姑、张果老、蓝采和、汉钟离、曹国舅、韩湘子、铁拐李，他们原本是普通人，后来修炼得道成仙，他们分别代表中国人的男、女、老、少、富、贵、贫、贱等八个方面。他们各有不同的宝物，吕洞宾有长剑，何仙姑有莲花，张果老有纸叠驴，蓝采和有花篮，汉钟离有芭蕉扇，曹国舅有玉板，韩湘子有横笛，铁拐李有铁拐和葫芦。传说他们在横渡东海时，不用舟船，各自将宝物抛入水中，施展法术大显神通而过。后来，人们就用"八仙过海，各显神通"来比喻做事各有各的一套办法，也比喻各自施展本领互相竞赛。

上图是现代著名画家徐燕孙（1899—1961）所作《八仙过海》。

rú

儒 儒

小篆

　　儒是以教书和在政务活动中掌握礼仪事务为职业的人。孔子是第一个通过办学将学术民众化的人，他创始了影响中国历史的儒家学说。

　　儒家的主要经典为《诗经》《尚书》《仪礼》《乐经》《周易》《春秋》六经，秦始皇"焚书坑儒"后《乐经》失传，成为五经；后又加上四书，即《大学》(《礼记》中的一篇)、《中庸》(《礼记》中的一篇)、《论语》、《孟子》，合称四书五经。从汉朝以后，儒家思想成为中华民族最基本的主

流价值观。

儒学是在总结、概括和继承夏、商、周三代文化传统基础上形成的一个完整思想体系，提倡仁义，就是做人要真诚，有同情心，能够推己及人。主张礼治，就是要维护社会秩序，建设社会规范。中国历史上，凡是要强调社会秩序的时候，都会推崇儒家学说。

·汉字王国·

fó

佛 佛

小篆

《说文解字·人部》："佛，看不审也。""佛"（音 □ ）的本义为看不清楚，用于联绵词"仿佛"，如晋代陶渊明《桃花源记》中讲桃花源："山有小口，仿佛若有光。"

佛，又读fó，是梵语buddha（佛陀）音译的略称，意思是"觉""觉者"，也译作"浮图""浮屠"等。觉有三种义：自觉（自己觉悟）、觉他（使众生觉悟）、觉行圆满。

释迦牟尼是世奉的佛祖，民间俗称为如来佛，意思是：从如实之道而来，开启真理的人。

他是古印度一个国王的儿子，成年后，他深感人生有生老病死和欲望纠缠的苦难，便毅然抛弃王子荣华富贵的生活，出家修行，寻求解脱人间苦难的方法。最后，终于豁然开朗，他觉得悟出了宇宙、人生的真谛，创立了佛教。释迦牟尼于八十高龄时涅槃。

中国从汉代至清代近 2000 年间都有中外佛教文化的交流活动。唐代的玄奘经过千辛万苦到达印度取经，把 17 年间的见闻写成《大唐西域记》。扬州鉴真和尚舍生忘死到日本传播佛法。

　　佛教传入中国以后，已经融合为中国文化的一部分。儒学化的佛学把佛从外在的偶像，变成了人的内心信仰，特别是禅宗提出"佛向性中作，莫向身外求。"

塑于 1600 多年以前的敦煌《释迦牟尼涅槃卧像》

dào

金文　　　　小篆

　　"道"的本义为道路。金文"道"字，是一个"十"字路中，有一个画出眼睛的人，下面是一只脚，表示供人行走的道路。

　　道是通向目的地的路，走上了正确的道，就有可能到达目的地。后来道就引申为事物的规律、万物的本原、道理等。

　　中国古代思想家都特别重视道，有一个思想流派叫作道家，其代表人物老子认为，宇宙事物都在变化，要根据事物的自身发展变化规律去认识事物，要顺应自然。自然就是"道"，是万物之所以生的根本原理。老子之后的庄子　主张

户而不閉是謂大同
竊亂賊而不作故外
己是謀閉而不興盜
不出於身也不必為
不必藏於己力惡其
貨惡其棄於地也
養男有分女有歸
獨廢疾者皆有所
幼有所長矜寡孤
老有所終壯有所用
其親不獨子其子使
信修睦故人不獨親
天下為公選賢與能
大道之行也天下

孫文

孙中山先生手迹

绝对自由，庄子的思想充满了想象力，他想象人可以超越一切束缚到宇宙中做逍遥游。

后来，在魏晋时期，有一个崇尚神仙的宗教吸收了不少道家的思想，把老子奉为教祖，尊称为太上老君，追求成仙通神，修炼方术以期长生不老，称为道教，道教徒叫作道士。

老子(约前600—前470年)，楚国苦县(今河南鹿邑县东，一说安徽涡阳)人。春秋时期著名思想家、教育家，著有《道德经》(即《老子》)，是道家学派的始祖。他做过周朝"守藏室之史"(管理藏书的史官)，孔子曾向他问礼。老子主张"无为"，以"道"解释宇宙万物的演变，其学说包含有大量朴素辩证法观点，对中国哲学的发展产生了深远影响。

shèng

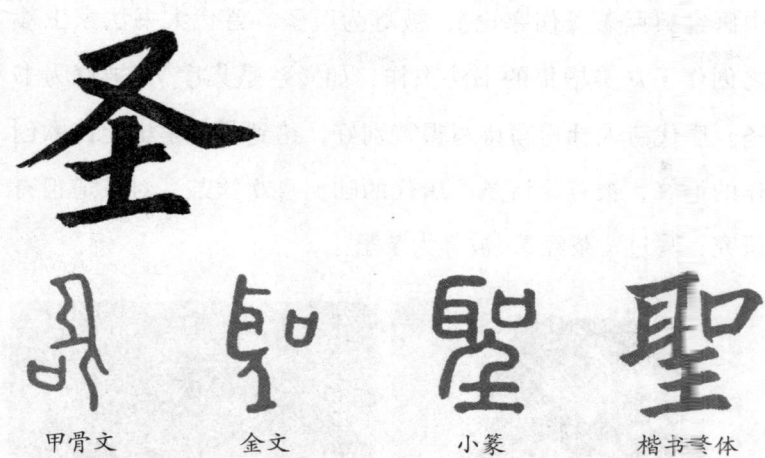

| 甲骨文 | 金文 | 小篆 | 楷书繁体 |

　　甲骨文的"圣"字，上部是人的一只大耳朵，左下是一个口，右下方是一个面朝右侧立的人。一个人善于用耳听人说话，表示聪明睿智、万事通达。

　　在史前，人们传播知识、交流经验主要通过口耳相传，而一个善于聆听的人能得到很多的知识、经验，所以后来人们把一个博学多闻、很有知识学问的人称为圣。孔子是儒家思想的创始人，对中国文化有着极大的影响，人们称他为至圣先师。孟子也是儒家思想的代表人物，但他比不上孔子，人们称他为亚圣。

　　后来"圣"也引申指精通一事，对某门学问、技艺有特高成就的人。汉代大医学家张仲景，医术高超，而且留下了中医经典巨著《伤寒论》，被尊为医圣。晋代大书法家王羲之创作了众美毕集的书法杰作，如《兰亭集序》，被尊为书圣。唐代诗人杜甫写诗写得特别好，达到了文学史上诗歌创作的巅峰，被尊为诗圣。唐代的陆羽喜欢饮茶，对茶道很有研究，写过《茶经》，被尊为茶圣。

医圣张仲景　　　　　　书圣王羲之

肆

汉字与器具、建筑及生活

百工以乂，万品以察。（这句话的意思是：创造了文字，各行各业因此而治理，万事万物因此而辨明。）

——汉代学者许慎

che

春秋时期的战车复原图

甲骨文、金文里的"衣"字所表现的，就是中国古人常穿衣服的样子，上部的"人"字形部分是衣领，两侧的开口处是衣袖，然后是拐向一侧的衣襟。

"衣"字的本义是指上衣。在中国古代，人们上身穿衣，下身穿裳，裳类似裙子。中国古代不论男女都穿裳。

·汉字王国·

yī

| 甲骨文 | 金文 | 小篆 |

在周代以前，中国的服装主要采用上衣下裳制，到了春秋战国时期，流行将上衣下裳合并起来，做成一件衣服，叫~深衣。后来进而发展出袍，袍两襟相交，垂直而下，衣袖宽大，袖口收敛。中国很早就把衣服看作文明了，唐诗称赞"万国衣冠"，是表明了欢迎多种文明的态度。

中国的服饰丰富多彩，衣裳新样层出不穷，有以直襟为主，袖子垂

曲裾深衣

唐诗名句"万国衣冠拜冕旒"

直，袖口宽敞的衫；有短衣襦；有襦衍变而来的短衣袄……
丰衣足食是生活幸福的标准之一。

　　"初"字由"衣"和"刀"两部分组成，表明用刀裁剪
衣服。在古文字形中，左边是衣服，右边是刀。

　　"初"最早的意思就是用刀裁制衣服，用刀裁衣是制衣
服的开始，所以"初"字后来用于表示事情的开始、开端。

jīn

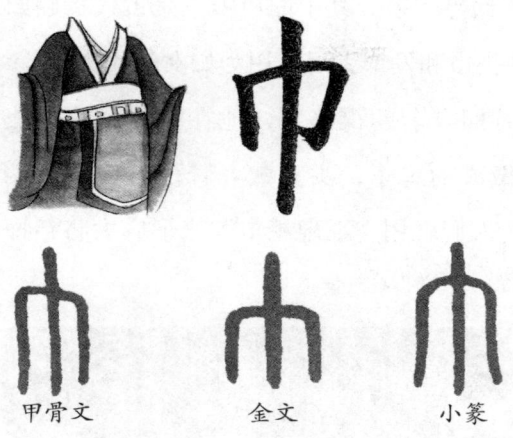

| 甲骨文 | 金文 | 小篆 |

　　甲骨文的"巾"，描摹的是佩巾下垂的样子。古人的衣服没有口袋，随身携带的手巾一般都挂在腰间的带子上，称作佩巾。

　　"巾"也表示擦汗水拭污的手帕。如汉乐府《孔雀东南飞》诗中有这样一句，"阿女默无声，手巾掩口啼"，是说那个被休回娘家的女子在母亲问她时，她沉默不作声，只是用手帕掩住嘴啼哭。

　　后人把"巾"的意义扩大，不再限于手帕，泛指包裹、覆盖东西

的纺织品，如头巾等。有一句话叫作"巾帼不让须眉"，表示女子很有作为，不比男子差。其中的巾帼本是古代贵族妇女在祭祀大典时戴的头巾和发饰，后来用为妇女的代称。

诸葛亮是三国时期有名的谋略家，他在指挥军队作战时，手里拿着羽毛做成的扇子，头上戴着青丝带做成的头巾，显得潇洒从容。人们就用"羽扇纶巾"来形容大将指挥若定，从容不迫。

·汉字王国·

wén

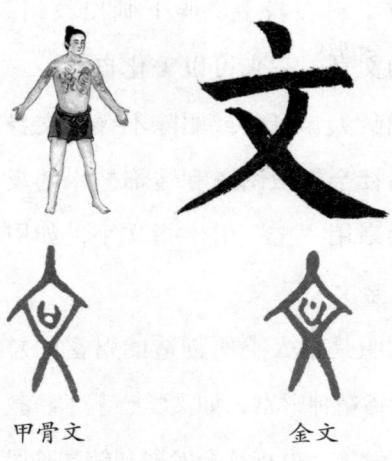

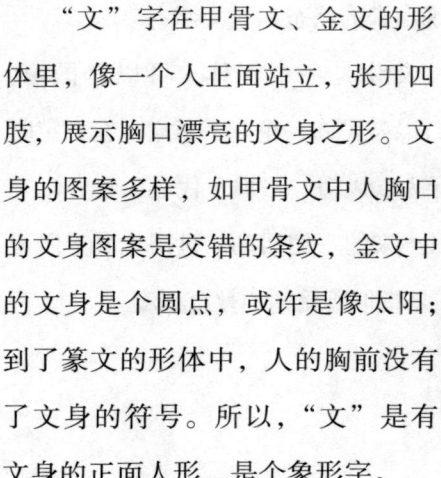

甲骨文　　　　　　　金文　　　　　　　小篆

"文"字在甲骨文、金文的形
体里，像一个人正面站立，张开四
肢，展示胸口漂亮的文身之形。文
身的图案多样，如甲骨文中人胸口
的文身图案是交错的条纹，金文中
的文身是个圆点，或许是像太阳；
到了篆文的形体中，人的胸前没有
了文身的符号。所以，"文"是有
文身的正面人形，是个象形字。

"文"最早的意思是文身。早

新石器时代良渚文化的 形
玉饰上面的纹饰

甲骨文主要指殷墟甲骨文，是殷商时代刻在龟甲兽骨上的文字。

在原始人类时期，那时的古人就会用白泥或染料在身上、脸上画出纹络。这样的文身：一来可以美化自己，二来吓唬敌人、野兽或驱除不祥。文身是原始社会崇敬图腾和装饰艺术的反映。后来用"文"引申指文字，如甲骨文、金文、篆文。

文明是指人类所创造的财富的总和，特指精神财富，如文学、艺术、教育、科学等，也指社会发展到较高阶段表现出来的状态。

文化是一个群体（可以是国家，也可以是民族、企业、家庭）在一定时期内形成的思想、理念、行为、风俗、习惯、代表人物，以及由这个群体整体意识所辐射出来的一切活动。世俗意义上所说的一个人有或者没有文化，是指他所受到的教育程度。

cè

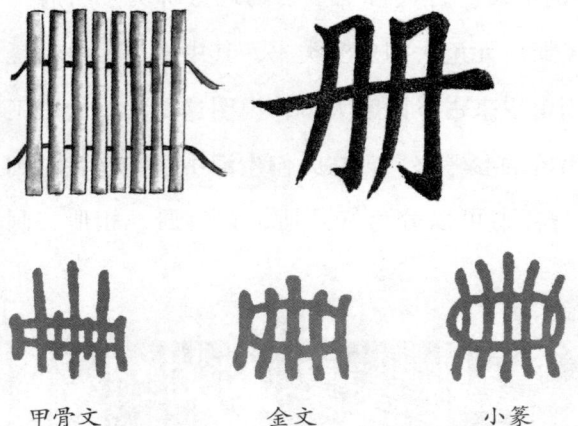

甲骨文　　　　　金文　　　　　小篆

　　在纸没被发明前，人们主要在竹简上书写。人们把竹子加工修整成窄长的竹片，这样加工过的竹片叫竹简，一片竹

简只能写一行字，而把
所有写好的竹简用绳
子联结起来，就成为
册了。古文字的"册"
字，形象描绘了用两道
绳子把一些竹简编连在
一起的样子。

　　人们使用竹简书　　中国古人在竹简上书写记录。

写，并编连成册的时间很长，从商朝到公元 3 世纪的汉末，有大约 1700 年的历史。古代帝王藏书的地方称为"册府"，宋代有一部叫《册府元龟》的史学类书，其中的"元龟"是指大龟，古代用龟甲来占卜国家大事，说明这是为了给帝王治理国家提供借鉴的参考书。现在人们生活中还能经常见到册的应用，如一套书可以分为好几册，宣传册、相册、画册、纪念册等。

《册府元龟》

diǎn

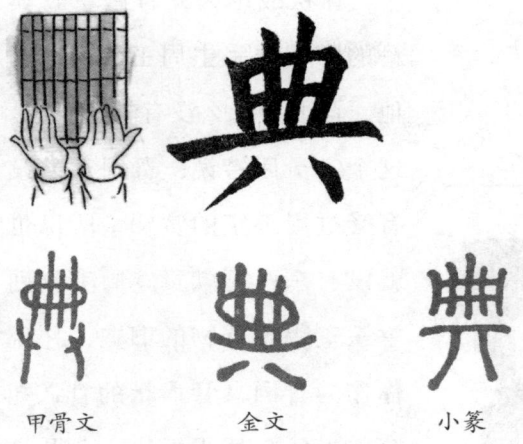

甲骨文　　　　金文　　　　小篆

　　在纸发明之前，人们把竹子加工成窄长的竹片，用绳子把这些竹片联结成册，在上面书写。甲骨文"典"字，描绘了双手捧着册子的形象。在金文、小篆中，简册端正地陈列在几案上，表示这个书册尊贵重要。

　　"典"的本义为记载着法律、典章制度等的重要文献，

或是可以用作典范的重要书籍。

春秋战国时，晋国掌管典籍的官朝拜宗主周王，周王问他，晋国为什么没有献上贡物。这个官员回答说，晋国从来没有受过周王室的赏赐，所以也就没有东西可献贡。周王就列举王室赐晋器物的旧典，并说你作为晋国掌管典籍的官，却"数典而忘其祖"，不记得自己祖先的事迹。后来人们就用"数典忘祖"来形容人对自己本国的历史无知，忘本。

mián

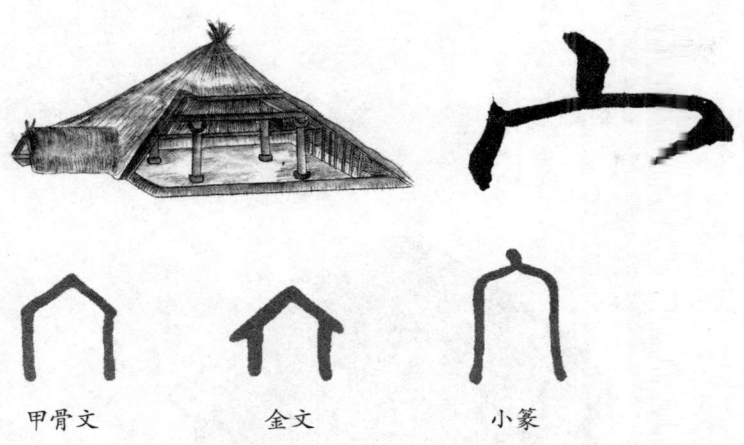

| 甲骨文 | 金文 | 小篆 |

这是一个房屋的侧视图，是先民们建造的居所。由"宀"构成的汉字一直都与居所和家有关。

"宀"下有"女"，是"安全"的"安"字，在"人民少而禽兽众"的古代，一位女子安静踏实地住在屋子里，这个地方对她自己和对家人是多么安全啊！"宀"下是"豕"（猪）就构成了"家"字，表明了先民们从采集和渔猎生活发展到了蓄养家畜，有了家。古时候把房檐称为"宇"，把房屋的栋梁称为"宙"，早期的汉字里，"宇宙"曾经是指屋檐下、栋梁间那一方小天地，到了秦汉时期的字典里，就引申出"上下四方谓之宇，往来古今谓之宙"的意义了。

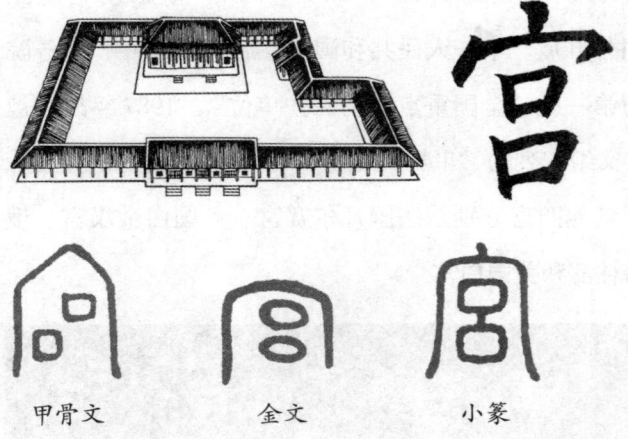

gōng

甲骨文　　　　金文　　　　小篆

　　宫原本是一个建筑的平面图，在一个方形的院子里，四周布置了四座房屋，后来演变成了篆书"宫"字的样子。

　　宫是古代对房屋、居室的通称。秦、汉以后，只有帝王所居住的房屋住宅才称为宫。唐代有大明宫，可惜毁于火灾。明清两代的皇宫保留下来了，被称作故宫。

　　故宫，是封建王朝时期皇帝生活居住和工作的地方。故宫始建于明永乐四年（1406 年）。建筑面积达 15.5 万平方米。相传故宫原有房屋 9999.5 间。红色的宫墙，黄色的琉璃瓦，汉白玉与青石底座，金碧辉煌的飞檐斗拱，护城河环绕。其庄严浩大的气势有如中国古代星象学说所形容的紫微垣（即北极星），位于中天，乃天帝所居，天人对应，是以故宫又称紫禁城。

辛亥革命以后直到 1925 年 10 月 10 日，故宫博物院正式成立，对外开放。中华人民共和国成立后，1961 年，国务院宣布故宫为第一批"全国重点文物保护单位"。1987 年故宫被联合国教科文组织列为"世界文化遗产"。北京故宫为世界五大宫殿之首，其他四宫分别是法国凡尔赛宫、英国白金汉宫、俄罗斯克里姆林宫和美国白宫。

北京故宫乾清宫

chéng

金文　　　　　　　　小篆

　　"城"的本义为都邑四周用作防御的高墙。金文的"城"字，左边中间的圆圈表示城楼，上下是城墙的样子，右边是一把大斧头，表示城墙具有防御保护作用。篆文的"城"字，由"土"和"成"两部分组成，古代的城墙大多为夯土而成。

　　城墙的主要作用在于防御，一般又高又厚。如果大家团结起来，万众一心，就会像坚固的城墙一样不可摧毁，叫作'众志成城"。

　　长城是中国古代伟大工程之一，始建于春秋、战国时代，各国为了互相防御，在形势险要的山川修筑长城，秦始皇统一中国后，以战国时各国修筑的北方长城为基础，加以修缮增筑，西起临洮，东至辽东，称为万里长城。此后历代又多次修缮增筑，至明朝末期，长城东起山海关，西达嘉峪关，全长约7350千米，由城堡、关隘、烽火台、城墙等构成。现存长城，大部分是明代长城遗址，其中山海关、八达岭和嘉峪关为全国重点文物保护单位。

jīng

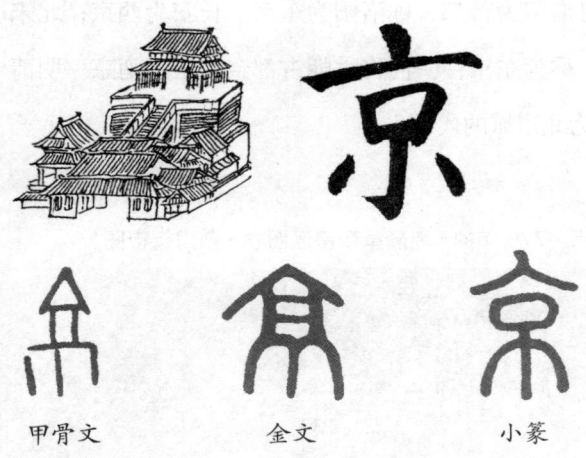

| 甲骨文 | 金文 | 小篆 |

　　《说文》上说，"京"是人工堆起的高丘。更准确地说，"京"是坐落在巍峨高台之上的雄伟建筑，这是"京"字的本义。这样高大的建筑可以观察远处的情况，要建在邑的中心——君王居住的地方，为了显示崇高的地位和权力。君主们将宫室修筑在高大的台基之上，官员和人民就围绕在周围居住。于是，"京"就代指首都了。

　　我们目前所能见到的最早的"京"，是周武王伐商之前的"丰京瓦当"，丰京的规模十分可观，建于约3000年以前的丰京，故城遗址在今陕西省渭河支流的沣河西岸，今发现有夯筑台基和地下下水管道。周武王即位后，将首都由丰京迁到镐京——今天的西安市长安区一带。历史上出现过不同的东、西、南、北"京"。如东汉以洛阳为首都，称洛阳为东京、长安为西京；北宋以开封为首都，称为东京；明代将六朝古都金陵定为南京。明清以后，"京"成为北京城的代称。

清代画院画家绘于公元 1776 年的《乾隆皇帝南巡图卷·前门街市图》

·汉字王国·

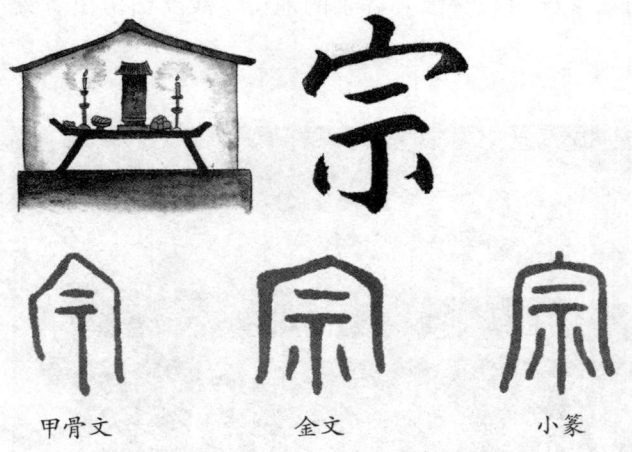

zōng

| 甲骨文 | 金文 | 小篆 |

　　"宗"由"宀"和"示"两部分组成，在古文字形中，是房屋里有祭祀的台子，上面摆放着祭品。因此，宗是供奉祖先灵位或图像，进行祭祀的房屋。

　　古代君主认为自己统治国家的权力是神灵授予的，是承袭祖先而来的，所以要用宗庙来供奉祭祀祖先。在宗庙制度中，天子七庙，诸侯五庙，大夫三庙，士一庙，一般的平民百姓不准设庙。天子的七庙又被称为宗庙，国家有大事时，天子就会到宗庙告祭，宗庙是国家的象征。宗庙覆灭了，表示国家也就灭亡了。

　　"宗"引申指祖宗、宗族，中国人是炎黄子孙，后来繁衍许多分支，不同的宗族有各自供奉祖先的宗庙，又引申指派别。宗庙在家族中有着极其尊崇的地位，故又引申出尊崇的意思。

太庙位于北京市天安门的广场东北侧。是明清两代皇帝祭奠祖先的家庙，始建于明永乐十八年（公元1420年），是根据中国古代"敬天法祖"的传统礼制建造的。也是根据旧时宗祠"左宗右社"的原则建造的。"左宗"就是太庙，用来祭祀宗祖的。"右社"是社稷坛，祭祀天地和收成的。

miào

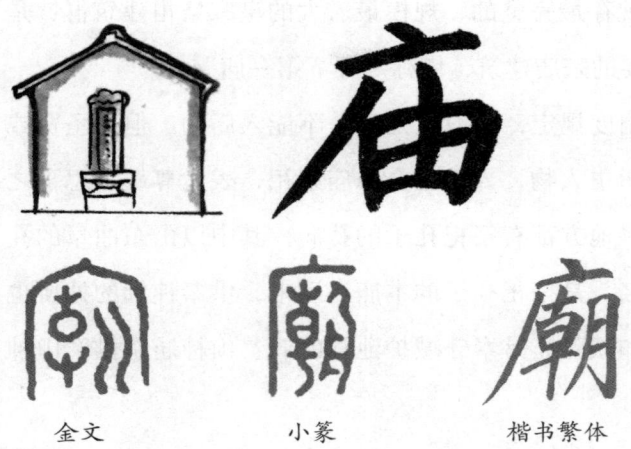

金文　　　　　　小篆　　　　楷书繁体

　　"庙"最早的意思是供奉、祭祀祖先的屋舍。它由"广"和"朝"两部分组成，"广"表示房屋，"朝"表示读音，楷书写作"廟"，后来省简写作"庙"。

　　中国古代供祭祖宗神位的屋舍统称为庙，而且有严格的宗庙制度。按规定，天子设七庙供奉祖先，供奉始祖的太祖庙位居正中，其左右各为三昭三穆，左为昭、右为穆，父为昭、子为穆。皇帝死后，他的神位会被供奉在宗庙，并专门设立一个庙号作为他的代称。庙号常用"祖"字或"宗"字，开国皇帝一般被称为太祖或高祖，后面的皇帝一般称为宗，如历史上开创了"贞观之治"的李世民，他的庙号是唐太宗。北京天安门东侧的太庙是明清两代皇帝祭祖的宗庙，它是中国现存最完整的、规模最宏大的皇家祭祖建筑群，是古代最重要的宗庙建筑，堪称"天下第一庙"。

宗庙制度规定，一般人死后是不能入庙的。但对圣贤或者杰出的历史人物，人们也会修庙祭祀，表达尊敬和思慕之情。如很多地方都有祭祀孔子的孔庙，其中以山东曲阜的孔庙最为有名，是祭祀孔子的本庙。后来，供奉神佛的处所也称为庙，如城隍庙是奉守城护池神的庙、山神庙是供奉山神的地方等。

北京故宫太庙

bǎo

| 甲骨文 | 金文 | 小篆 | 楷书繁体 |

　　"宝"在甲骨文中，是屋子里面放着一串玉石和一颗贝，玉石温润美好又罕见，被人们视为宝贝，海贝是用作交换的货币，是财富的象征。金文中又加了一个"缶"字来表读音。

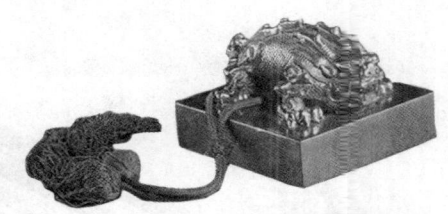

　　缶原是古代盛酒的瓦罐子，是食具。秦时的人"鼓之以节歌"，所以缶又是一种打击乐器。2008年北京奥运会

古代把帝王的印章称为"宝"。

开幕仪式表演中就有击缶的节目。

中国古代将金属货币也称为"宝"。最常见的是"通宝","通宝"就是通行宝货的意思，历代沿用，并常在"通宝"二字前冠以年号、朝代或国名。

中国书画的工具和材料基本上是由笔、墨、纸、砚来构成的，人们通常把它们称为"文房四宝"，是说它们是文人书房中必备的四件宝贝。

乾隆通宝

清代各色笺纸

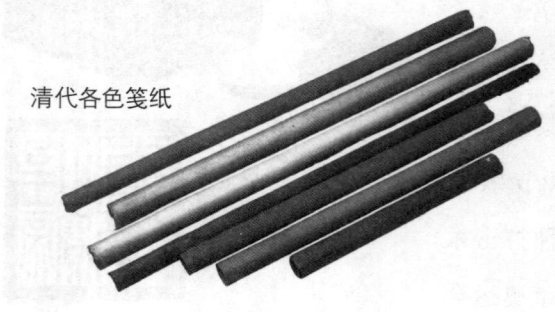

fù

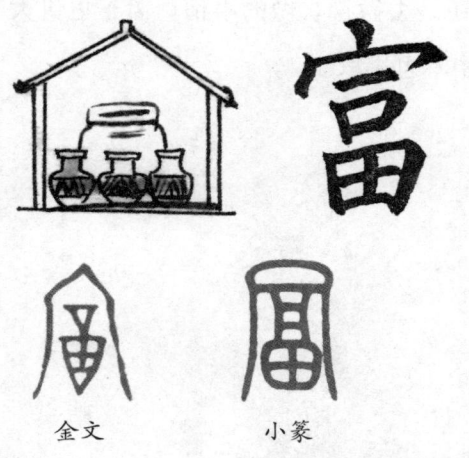

富

金文 　　　　　　小篆

　　金文的"富"字，表现了房屋之内藏满了器物财货的样子，表明富有。"富"的本义就是家里财货多，应有尽有。

　　中国古人把丰年称为"富岁"，这一年风调雨顺，喜获丰收，一派富足和乐的景象，人们歌舞欢庆。

　　富，就是财富丰厚，是人们所向往的。中国盛唐时期的唐明皇说，富可以敌贵，贵是指较高的社会地位，富贵历来是很多人的愿望。大家喜欢在屋子里挂上一幅牡丹图，牡丹因为花大、色艳、形美、香浓，居万花之首，被人们视为富贵吉祥、繁荣兴旺的象征，称为富贵花。

　　孔子表达过自己的财富观，他说，如果能通过王道变得富有，那么就算是去做赶车的人，我也愿意。如果富贵通过正道无法获取，那么我还是去做喜欢做的事情。孟子也讲大丈夫不会沉溺在富贵当中不思进取。

右图是现代画家于非闇临摹宋代皇帝徽宗的作品《牡丹富贵图》。

·汉字王国·

tián

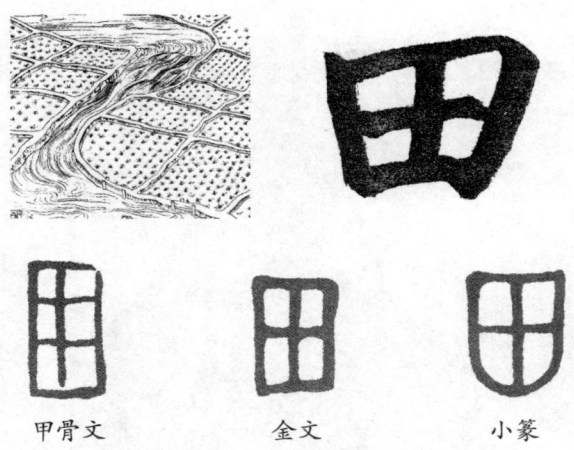

| 甲骨文 | 金文 | 小篆 |

"田"是个象形字，甲骨文、金文一直到小篆、楷书的"田"，都是一块儿方形大田的样子，中间横线和竖线，象征着阡陌纵横的沟渠和通向田间的小路。土地不是田，耕种的土地才称为"田"。

"田"字由农田之义引申出耕种的意义，后来写作"佃"来表示。

"田"在古代还可以表示狩猎，形容人只顾眼前利益而不顾长远利益，可以说他是"焚林而田"——把森林烧了去猎捕野兽。"田"字的狩猎意义，后来写作"畋"来表示。

中国古代有很多读书人选择了退居乡间的生活，追求自由、自然的生活和返璞归真的人生境界，他们的作品被称为田园文学。

·汉字王国·

nóng

| 甲骨文 | 金文 | 小篆 | 楷书繁本 |

甲骨文的"农"字，上面是树林的"林"字，下面是一个蜃壳，古时树林密布，若要耕作，先要伐木开荒，人们用蜃蛤的壳作为农具来薅苗，"农"是耕作的意思。金文中增加了"田"字，表示人们在田间耕作。

传说中，第一个发明种庄稼的人叫作神农氏，他根据天气、气候和土地情况，发明制作耒、耜等农业工具，手教人们种植五谷，使人们从采集渔猎向农业生产进步，获得了很多好处，所以被人们尊号为神农，又被奉为先农神。

农业是一个国家的基础，历代统治者都重视农业生产，有祭祀先农和亲耕的传统。在明清两代，成为国家重要的祭祀典礼。每年仲春亥日，皇帝率领百官到先农坛祭祀先农神，并举行亲耕礼，表示敬农、重农。

有了农业生产之后，从事耕种的人就叫作"农民""农夫"。孔子的一个学生向他请教如何种庄稼，孔子回答说他不如老农民。人们在长期的农业生产劳动中，观察适合耕耘、播种、收获的农时，总结出不少经验。如现在人们还在使用"农历"，它是农业上使用的历法，其中的"二十四节气"对农业生产有重要的指导意义。还有不少指导农业的书籍，如《农政全书》《齐民要术》等。

北京先农坛具服殿：皇帝在祭祀前更衣、备犁的地方。

yì

| 甲骨文 | 金文 | 小篆 | 楷书繁仁 |

甲骨文、金文的"艺"字，描绘了一个人跪坐着，双手捧着一棵树苗，树下有土，表示把树种植在土里。"艺"的本义就表示种植树木。

种植树木在古代是一项重要的生活技能，要掌握一定的技巧才行。"艺"由此引申指掌握某种特殊的才能或技二。

在周代，贵族子弟要掌握"六艺"，分别是礼、乐、射、御、书、数，表示礼法、音乐、射箭、驾车、文字读写、算法六种技能。而其他技能，如种植蔬菜、花草、果木的技术叫作园艺；农作物的栽培技术叫作农艺；修练拳术器械的功夫叫作武艺。表演技艺的人称为艺人，看看这件中国两千年

一千九百多年以前东汉画像砖《马上杂技图》，杂技和种植树木一样需要高超的技能、技巧，所以称为杂技。

前的击鼓说唱俑，他头系头巾，笑纹布满前额，上身赤裸，胳膊上佩戴串饰，含胸耸肩，大腹便便，左手环抱鼓于身侧，右手高扬鼓槌，右足也随之抬起，正说到精彩之处，得意忘形，神情激动，表情夸张，竟不自觉地手舞足蹈起来，口沫横飞，眉飞色舞，使人如闻其声，如临其境，甚至可以想象到在这个说唱俑的面前，正有一群兴致勃勃的观众在看他出色的表演。虽然人们并不了解他说唱的具体内容，但一看到这位热情、乐观、充满生命活力和幽默感的艺人，都会深深被他感染。

"艺"字最后引申表示艺术，人们通过审美创造活动再现现实和表现情感理想。

hé

甲骨文　　　　　金文　　　　　小篆

　　"禾"是中国从古至今种植最普遍的农作物。古人造的
这个"禾"字，就是一株已经成熟、等待收成的谷类植物的
形状——稻穗向左下垂，上有稻叶，中有茎，下有根的稻
子，其中沉甸甸的穗子显得很突出，是个象形字。

　　"禾"是现在所说的稻谷，谷类作物的总称。《诗经·豳
风·七月》中就记载古人收稻谷的情况，他们在农历九月里筑好
打谷场，十月里把庄稼收入谷仓。

　　"禾"这样重要而宝贵，所以用"禾"组成的字也寓意
好而重要，如"和"，表示和谐、和美；"香"，表示馨香悦
人；"年"，表示一年的收获。

用"禾"作声符，"口"作意符，就组成了"和"字；同样用"禾"作声符，与表示乐器的"龠"字就组成了"龢"字。人们用语言相呼应，称为"和"，而音乐和谐则称为"龢"。我们常说的人与人之间的和谐相处，自然离不开语言交流（《说文》："和，口相应"）。"龢"也是一个好字眼，清代光绪皇帝的老师名字就叫翁同龢。

·汉字王国·

hé

| 甲骨文 | 金文 | 小篆 | |

"和"字由"禾"字与"口"字组成，"禾"字表声，"口"字表意，人们用语言相呼应，称为"和"。

现代画家陈少梅作《踏歌图》，途中三人互相唱和。

北京故宫的中心建筑三大殿分别以"太和""中和""保和"命名。太和是天、地、人要和谐；中和是追求天下太平、人们生活和谐安定；保和是指人自身要保有人旺盛的精神和元气，保持平和的心态。

在中国传统的婚礼仪式上，人们喜欢张挂民间传说中的神仙——"和合二仙"的画像。和合二仙是象征和睦融洽的神仙，他们是两个活泼可爱的小童，一个手持荷花，另一个手捧圆盒，"荷"与"和"谐音，"盒"与"合"谐音，表示和谐合好，人们借此来祝贺新婚夫妇白头偕老，永结同心。

中和殿和保和殿

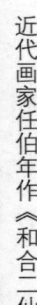

近代画家任伯年作《和合二仙》

故宫养心殿是皇帝日常居住和处理政
务的处所,养心殿中的"中正仁和"
匾是雍正皇帝所书,是说帝王要中庸
正直,仁爱和谐。

nián

| 甲骨文 | 金文 | 小篆 |

　　"年"最早的意思是指收获庄稼。甲骨文、金文⊑的"年"字，是由"人"和"禾"组成，像一个人背负着稻禾的样子，表示庄稼收成。

　　在古代稻禾一年只有一次收成，故"年"字引申指时间，一年就是一岁，代表着春、夏、秋、冬四季12个月份。

　　北京的天坛祈年殿是明清两代皇帝在孟春时祈祷谷物丰收的场所，它遵照"敬天礼神"的思想设计而成，结构精巧，富

有象征意义，殿为圆形，象征天圆；瓦为蓝色，象征蓝天。殿内有28根金丝楠木大柱，里圈的四根龙井柱象征一年春、夏、秋、冬四季，中间一圈12根金柱象征一年有12个月，最外一圈12根檐柱象征一天12个时辰，三圈总共28根象征天上28星宿。

北京天坛祈年殿

shè

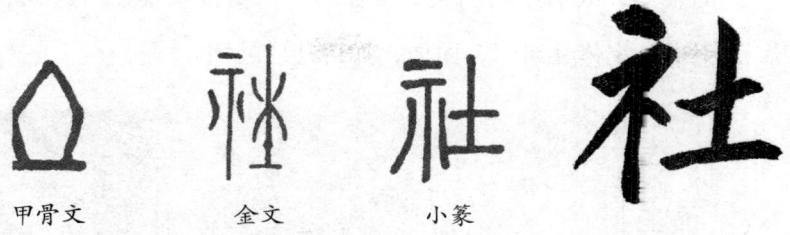

甲骨文　　　　金文　　　　小篆

　　"社"在甲骨文中，像地面上堆有一个土堆的样子，是原始的祭社形。金文的形体另加了"示"字和"木"字，"示"是一个祭台上摆着祭品，表示与祭神有关，有"木"是因为古人认为神灵依附树木而存在。原始祭社多在草木丛生的旷野举行，后代建社则集五色土为封，各栽上相宜的树木，北京的社稷坛即是其遗迹。

　　土地生养万物，土地神主管土地和粮食收成，是一个地方的保护神。人们敬畏土地神，向它祭祀，在开春时祭祀祈福，请求社神赐福一方，保佑风调雨顺，五谷丰登，这是春社。秋后农闲时节，通常会进行打醮的仪式，庆祝上半年的丰收和安康，祈求下半年的平安和丰稔。人们在春秋社祭活动这一天，杀猪宰羊，给社神献上祭品，诵读祝词，奏乐跳舞，共同祭拜后开怀畅饮吃肉，其乐融融。

"社"用作"社稷"，指土地神和谷神。土地和粮食是立国的根本，故引申指国家。祭社时，人们会聚集在一起，故又引申指集体性组织，团体，如诗社、社团。

中国古典文学名著《红楼梦》插图"林黛玉重建桃花诗社"。

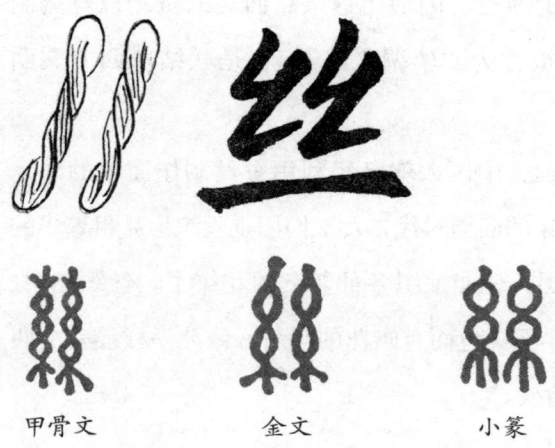

sī

甲骨文　　　　　金文　　　　　小篆

　　"丝"是个象形字。甲骨文和金文都描绘了两小把丝束的样子，上下两端是蚕丝分散开来的丝头。

　　"丝"的本义是指蚕吐的丝。中国是桑和蚕的原产国。蚕吃桑叶，一生忙碌而短暂，蚕从卵中孵出一个月以后吐丝作茧，在茧里待七至十天便破茧变成飞蛾。它要很长地交配繁殖，然后就死了。中国古人感叹"春蚕到死丝方尽"，用来比喻人的爱情至死不渝。

　　相传是中华民族的始祖黄帝的妻子嫘祖发明了养蚕制丝的方法。

　　西汉的时候，汉武帝派遣张骞出使西域，开辟了以长安

（今西安）为起点，经甘肃、新疆，到中亚、西亚，并联结地中海各国的陆上通道。因为由这条路西运的货物以丝绸制品的影响最大，被称为"丝绸之路"，它是联结东西方文明的纽带。

4000 多年以前，中国人就已经利用蚕丝制作简单的编织物。到了 3000 多年的商周时代，女工们用蚕丝织出品目繁多的丝织品，到了战国，就能编织各种复杂的花纹了。丝织品中，最轻最薄的叫罗；不染色而有暗花的叫绮；像冰一样晶莹的叫绫；光滑厚实的为缎。

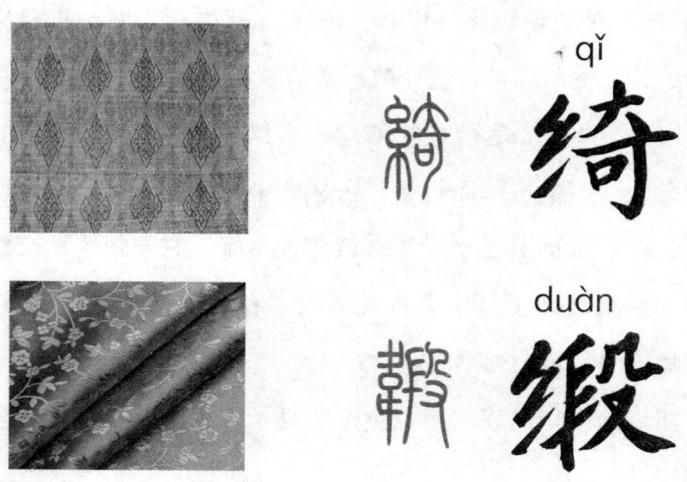

qǐ
绮

duàn
缎

chá

小篆

　　"茶"是个形声字，在小篆中写作"荼"，"艹"为形旁，表示与草木有关，"余"为声旁表音。

　　"茶"的本义指茶树，它原写作"荼"。荼，一字多义，一字多音，读（tú）时指一种苦菜，读（chá）时就假借为我们中国人喜爱的茶了（中国古人数千年前就已经发现并利用了茶，民间口头称它为"chá"但却一直没有这个字，文字上还以"荼"表"茶"）。到了唐代，"茶圣"陆羽将"荼"字略去一笔，定为现在的"茶"字。

　　中国是茶的故乡，早在汉代时，汉武帝派使者出使今称为中南半岛的地区时，就带着茶叶。约于公元 5 世纪南北朝时，中国的茶就开始陆续输出

至东南亚邻国及亚洲其他地区。到了明代，中国的茶叶已输入到阿拉伯半岛、非洲东岸及欧洲。

　　茶不仅仅是一种消烦解渴的饮料，饮茶时从茶具、水源到烹茶、品茶都很有讲究，饮茶实际上是一种生活的艺术。

图1

图2

图3

图4

图 1　唐代风炉、茶镀

图 2　唐代茶瓶

图 3　唐代茶臼

图 4　唐代渣斗

hú

| 甲骨文 | 金文 | 小篆 | 楷书繁体 |

壶是一种由陶瓷或金属等做成的盛装液体的容器，如酒壶、茶壶等。甲骨文、金文中的"壶"字，反映了古代酒壶的形制：壶颈细窄，腹部滚圆，有尖尖的盖子，两侧有壶耳，下面是结实的底座。

在古代，士大夫宴饮时往往会做投壶的游戏。投壶就是用箭投酒壶，投入壶中者为胜，投不中者为输，失谕者要进行罚酒，由旁边的司射裁判。在出土的南阳画像砖上有这样一幅"投壶饮酒图"：画面正中放着一壶一酒樽，壶内有两矢，樽内有勺，有两人跪着在壶左右，一手怀抱数只矢，一手执一只矢，正全神贯注地投壶。最右边一人是司射裁判，

投壶游戏

而左边那个彪形大汉已经喝得醉醺醺地瘫坐着，被侍者搀扶离席。

　　传说东汉有一个人叫费长房，他在街上看见一个卖药的老翁，旁边常悬挂着一个壶（葫芦）。等卖完药，老翁就跳进那个悬壶中不见了。费长房觉得奇怪，第二天就去拜访那个老翁，老翁知他来意，领他一同跳入壶中。费长房发现壶中有日月星辰、天空大地、亭台楼阁等奇景。后来人们就用"壶中天地""壶中日月"或"壶里乾坤"来形容道家的神仙生活。而那个悬壶卖药老翁被人们称为"壶公"，他的事迹流传甚广，人们吃了他卖的药，病都好了，人们称他是"悬壶济世"。后来历代医家行医开业，都以"悬壶之喜"等为贺，表示医者用医术救人，是普度众生。

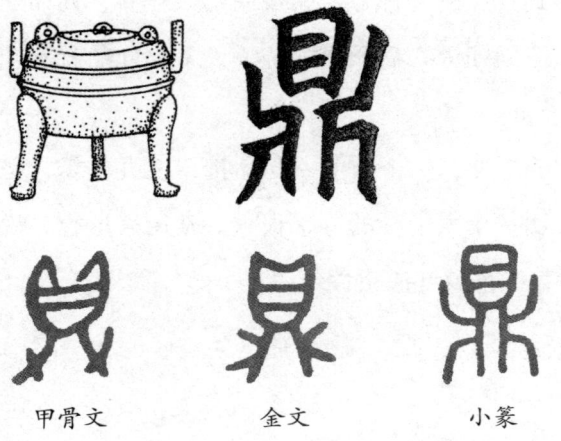

dǐng

甲骨文　　　　　金文　　　　　小篆

　　鼎最初是古代的一种烹饪容器，常见的有三足、圆腹、两耳。甲骨文和金文的"鼎"字，描摹的正是一个有耳有足大腹的鼎器形状。

　　在古代，鼎本来只是用来烹煮和盛贮肉类的器具，后来变成宗庙祭祀用的重要礼器，是国家政权的象征。相传大禹治水后，把天下分为九州，用这九个州的官员贡献的青铜铸造了九个大铜鼎，并在鼎身刻有该州的山川名胜，九鼎象征九州。九鼎代表国家政权，是传国宝器，王都所在就是鼎所在的地方，故称定都为"定鼎"，而诸侯询问九鼎的轻重，就表明想要图谋夺取国家政权，称为"问鼎"。国家灭亡了，鼎就会被迁走，称为"鼎迁"。据史书记载，夏朝灭亡后，九鼎被商朝迁移到自己的王都，商朝被周朝灭亡后，九鼎迁到周朝的王都。但周朝灭亡后，秦朝统一天下，九鼎就不知下落了。

　　九鼎是国家的宝器，一个人的一句话抵得上九鼎重，是"一言九鼎"，表明一个人说话的分量很重，常用来形容人说话信誉极高，一言半语就起决定性作用。

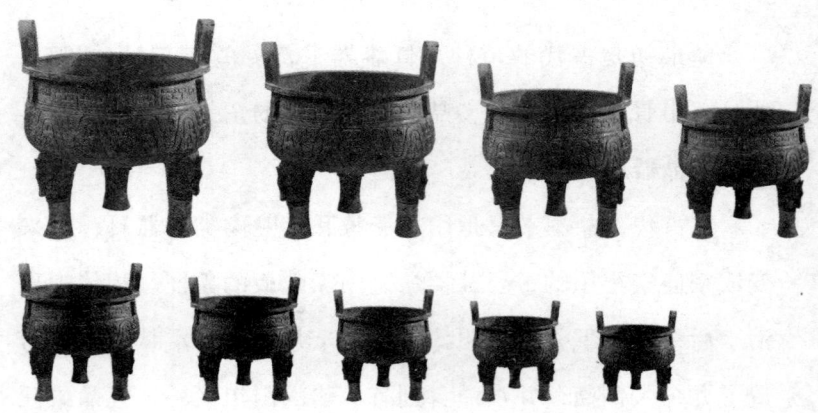

九鼎

九鼎在中国古代是至高无上的王权和国家统一昌盛的象征。

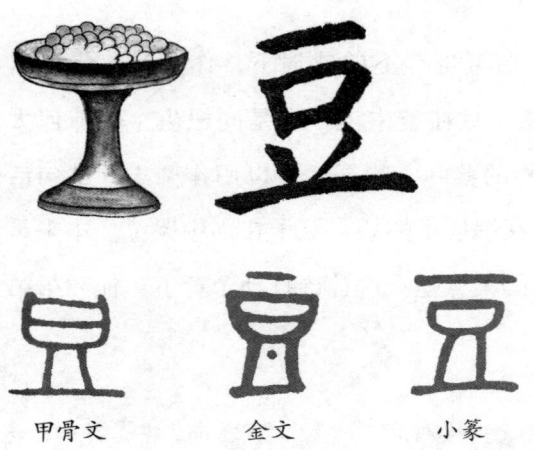

dòu

甲骨文　　　金文　　　小篆

　　"豆"现在多用来指豆类植物，可它最早的意义却是古代的一种盛食物的器皿。在甲骨文、金文中，"豆"字描绘了一种高脚器皿的形状：上面是盖子，中间是装食物的碗腹，中间一横表示装着的食物，或是容器外部的装饰花纹，下面是高脚座。

　　豆是古代常见的食器，青铜豆盛行于春秋战国时期。豆常用于祭祀中，是礼器的一种，常成对使用。身份地位不同，祭祀时所配豆的数量也不一样。据《礼记》记载，天子祭祀时，配26个豆，王公配16个豆，诸侯配12个豆，上大夫配8个豆，下大夫配6个豆。

本来上古称豆类植物为"菽"（shū），汉代以后，人们用"豆"逐渐代替了"菽"。

三国时，曹植在哥哥曹丕的威逼下，作了《七步诗》，诗云："萁在釜下燃，豆在釜中泣。本是同根生，相煎何太急。"萁是豆类植物的茎叶，晒干后可以用作柴火，这句话的意思是豆的茎叶在锅底下燃烧，豆子在锅中哭泣。本来是同根所生，相煎何必太急呢？这首诗打动了曹丕，他和弟弟重新和好了。

曹植赋《七步诗》："萁在釜下燃，豆在釜中泣。本是同根生，相煎何太急。"

·汉字王国·

bèi

甲骨文　　　　　金文　　　　　小篆　　　　楷书繁体

　　贝壳曾作为中国最早的货币流通过，甲骨文和金文中的
"贝"字，正是一枚贝壳的形状，壳上还有花纹。

　　在古代中原地区，人们离海太远，海贝得来不易。被人
们视为珍宝，串起来作为装饰品挂在颈上，表示富有。后来
贝又成为最早的货币流通，代表着财富。周朝时的货币有了
"泉"（就是钱），取泉水之名，
是寓意流通天下而无不遍及，可
见中国古代就认识到货币的流通
性质。周朝有泉而不废除贝。到
了秦代始通行钱，而废除了贝。

新石器时代贝币

贝壳经雕琢、镶嵌成了工艺品，即是"贝雕"。

那为什么"贤"字也从"贝"呢？因为"贤"指的是多才能的优秀人物，喻指其才能如宝贝，这个字反映了中国先民就有了以贤为宝的人才观。

因为"贝"曾作为货币，所以由"贝"组成的字，大多与钱财相关，如"财""货""账"等。

云南晋宁石寨山出土的纳贡场面储贝器

大约在2000多年前，在云南昆明滇池地域有一个古王国——滇国，《史记·西南夷列传》中曾多次提及。20世纪50年代，在云南晋宁石寨山、江川李家山等地出土一批古滇国货币——贝壳和超过万件的青铜器，贮贝器便是其中之一。目前发现的青铜贮贝器有多种形状，这些贮贝器主要用来盛装货币——贝壳，同时还具有较高艺术审美价值。

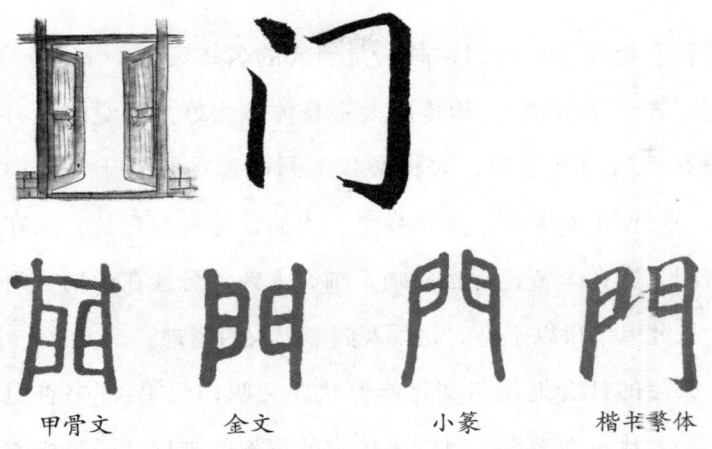

mén

| 甲骨文 | 金文 | 小篆 | 楷书繁体 |

　　门是建筑物的出入口。甲骨文的"门"字，有门楣、有门框，有两扇门，描摹出了门的完整形状。金文"门"字去掉了上面的门楣，但仍保留了两扇门的样子。

　　在商代的时候，建筑物才有门，而且是在大型建筑物兴建之后才有的。后来门逐渐成为社会等级地位的象征，显赫富贵之家往往门修建得高大，装饰有花纹。中国人在农历新年有贴门神的习惯。门神是守卫门户的神灵，旧时人们都将其神像贴于门上，用以驱邪避鬼，保卫家宅平安。最早的门神，据说是远古时期黄帝派来两位神将——神荼与郁垒的化身。他们常在度朔山上的桃树下，检查百鬼，凡发现有祸害人类的就逮之喂虎。民间画两位神贴在门上面，称他们为门神。

我们现在常见的门神画的是唐代的名将秦琼（字叔宝）和尉迟恭（字敬德）。相传唐太宗身体不太好，睡觉时疑有恶鬼在寝宫门外号叫，大将秦叔宝同敬德戎装立于宫门两侧，一夜便平安无事。太宗嘉奖二人后，觉得整夜让二人守于宫门，实在辛苦，于是命画工画二人像，悬挂在两扇宫门上，从此鬼祟得以平息。此后人们奉二人为门神。

家族的社会地位与文化修养状况又叫作门第，"书香门第"是世代重视教育、以诗书传家的家族的誉称。门第概称家族，门也概称特点相同、关系密切的同类人群，如同一个老师的学生称为"同门"。也可引申指各种事物，如"分门别类"。

zhōu

| 甲骨文 | 金文 | 小篆 |

　　"舟"在甲骨文和金文中，描摹的是一只小船的样子，船头、船尾还有船的隔板——可见。小篆发生了一些变化，上端的曲线很像是船尾的舵。

　　舟在中国出现得很早，先民们把大树的树干刳空做成独木舟。后来古人把用木板手工组合制作的较小而简略的叫"舟"，是独木舟的一种。独木舟一般用于短途运输上，方便、灵活。用手工制造的、大型的，而且可以沿着河流通道行走的长途运输工具叫"船"。中国古代的造船技术发达，在明朝郑和下西洋时，所用的航海宝船中最大的一艘长151.18米，宽61.6米。船有4层，可挂12张帆，锚重有几千斤，一艘船可容纳千人，是当时世界上最大的海船。

在中国民间，至今有的地区还保留着端午节时赛龙舟的习俗。龙舟一般用整木雕成，狭长、细窄，船头饰龙头，船身刻有鳞甲，船尾饰龙尾。它本来是源自于人们祭祀水神、龙神的活动，后来演变为纪念投水而亡的爱国诗人屈原，人们希望借划龙舟驱散江中的鱼，以免鱼吃掉屈原的身体。

以"舟"作为组成部分所组成的汉字，大都与船有关。"船舱"的"舱"由"舟"字和"仓"字组成，舱就是船上的仓房。

chē

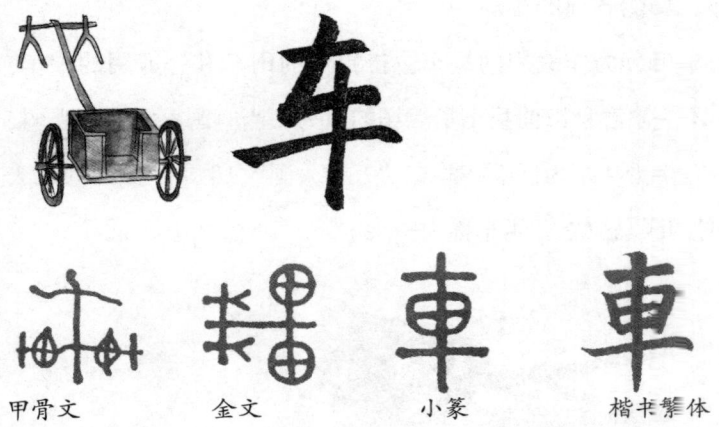

| 甲骨文 | 金文 | 小篆 | 楷书繁体 |

　　"车"是个象形
字，是古代马车的形
状：前面是驾马的辕
木，后面的车轴将两
个车轮贯穿起来。

　　相传，中华民族
的祖先黄帝发明了
车，所以黄帝称轩辕氏。"轩"和"辕"都是古代车辆上的
部件。在与其他部落的作战过程中，黄帝又发明了指南车，
它可以使军队在极端恶劣的天气里也不会迷失方向，车上小

人的手臂会一直指向南方。从此以后，中国人创造出了形制多样、功能各异的车。

车可分为作战用的兵车。打猎用的田车和一般用的乘车，大小不一。春秋以前兵车是战场的主力，当时国家实力的强弱，常以有多少兵车为标准，故有"万乘大国""千乘小国"的说法（古时四匹马拉着一辆车称为一乘）。

东汉独轮车

汉代鼓车，此车每走十里，车上两人便敲鼓一通。

lóu

樓　樓　楼

小篆　　　楷书繁体

　　"楼"字是由"木"和"娄"两部分组成，"木"表示与木头相关，古代楼房大都为木质结构，"娄"表示高，也兼表读音，是个会意兼形声字。隶变楷书后写作"樓"，如今简化作"楼"。

　　楼是高大的房屋，一般有两层以上。古代修建城楼时，会修建得比较高，是出于军事守卫的需要，便于观察敌情。后来高楼的盛行，逐渐演变为人们可以登

唐诗中有名句说："欲穷千里目，更上一层楼。"

楼凭高远眺，极目无穷。唐代大诗人李白写过一首《夜宿山寺》，诗中说楼高百尺，夜晚一伸手似乎都可以摘到天上的星星了，人们不敢高声说话，害怕惊动了天上的神仙。（危楼高百尺，手可摘星辰。不敢高声语，恐惊天上人。）

　　楼的历史很悠久，历史上许多名楼，大多建筑精巧，风景优美，成为人们登高赏景之地。山西永济的鹳雀楼是一座历史名楼，有六层多高，因为常有鹳雀栖于楼上而得名。它面对中条山，俯瞰黄河，景色壮美，吸引了历代文人墨客来登楼眺望，留诗众多，其中以唐代诗人王之涣所作《登鹳雀楼》尤为著名。诗中说"欲穷千里目，更上一层楼"，意思是要想看到千里以外的地方，就要再登上一层楼。后来人们常用这一句话来鼓励人在已有成绩的基础上再提高一步。此外，江西南昌滕王阁、湖南洞庭岳阳楼和湖北武昌黄鹤楼都是历史名楼，它们和鹳雀楼被称为中国古代四大文化名楼。

·汉字王国·

dāo

甲骨文	金文	小篆

"刀"是个象形字，它是根据商代的武器青铜刀而创造的，厚刀背，刀尖上翘。

在秦始皇统一六国之前，燕国和齐国使用的货币形状跟刀很相似，被称为刀币。

在纸出现之前，人们的正式书写都是用毛笔蘸墨或漆汁写在竹木制成的简上，不小心写错了，就用刀把竹简削去一层。掌管文书的小官吏都得随身带着刀和笔，以便随时修改，被称为刀笔吏。

"刀"字上加一点，指出刀口所在，就是"刃"字。

"分"，就是用刀将物体分成两半。

shān

删

rèn

刃

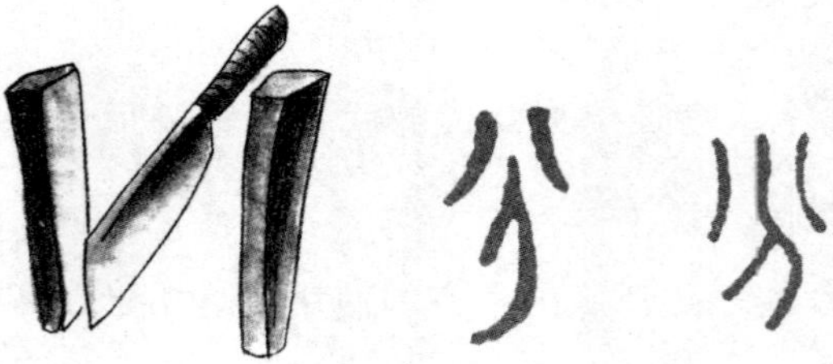

fēn

分

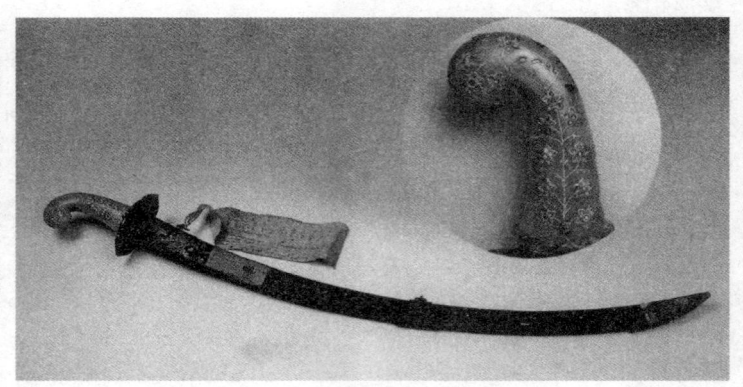

外国使臣送给乾隆皇帝的腰刀

gōng

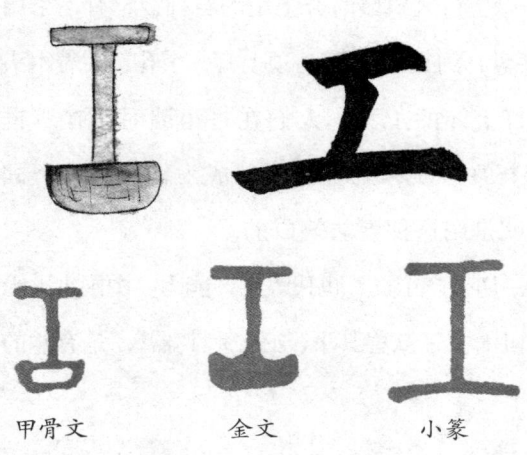

甲骨文　　　　金文　　　　小篆

　　"工"是个象形字，在甲骨文和金文中，"工"是一个有着沉重的底部、中间为杆、上部是把手的工具，它是开来夯

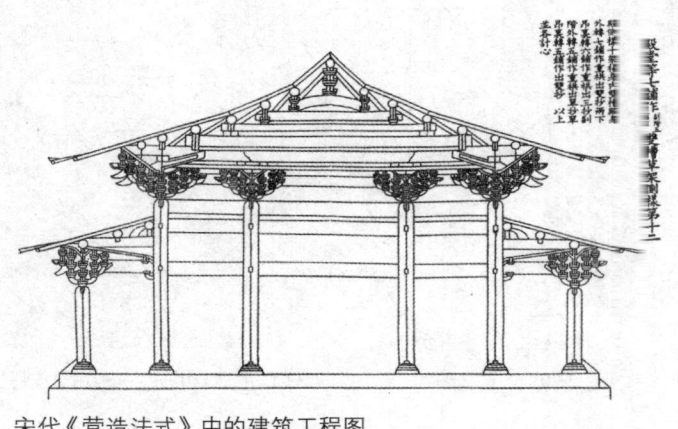

宋代《营造法式》中的建筑工程图

土筑墙的。

"工"最初的意思是古人筑墙时夯土用的石杵，它有一个用石头做成圆形的后底盘，约25厘米高，顶上有一个孔，装着木头把。工是人们用来打土坯的工具，人们在打土墙时，在木框里填满土，然后用石杵夯实，土干以后就成为坯，非常坚固结实。元大都土城就是用这种方法筑成的。

"工"可以代表一切生产工具，也代表生产能力。中国古人十分重视工具的重要作用，"工欲善其事，必先利其器"，是有益的格言。

《天工开物》中的手工业图

《作邑东国图》中的古代施工场面

jìng

小篆　　　　　楷书繁体

镜子在殷商时代就已经出现了，是用青铜做成的，正面经过打磨后，可以照出人影。小篆的"镜"字，左边是一个"金"字，表示镜子是由金属做成的，右边的"竟"字，表示读音。

铜镜的历史悠久，直到近代才被玻璃镜取代。铜镜一般是圆形，有可供穿系悬挂的钮，背面大都有精美纹饰和铭文，具有很高的艺术价值。

镜子伴随着人们的日常生活。唐太宗在他的助手魏徵去世后，伤感地说，人以铜作为镜子，可以端正自己的衣冠，以历史作为镜子，可以知道国家兴亡的原因，以人作为镜子，可以知道自己的得失。现在魏徵死了，我失去了一面好镜子！后来人们用"以人为镜"来形容把别人的好意见作为自己的借鉴。

镜子虽然能丝毫不差地照出物体的形象，但镜子里的影像不是真实的，所以人们说"镜花水月"，意思是镜中的花儿、水中的月亮都是虚幻缥缈的景象，常用来比喻可以看到，却不能实际得到的事物。

战国武士斗兽纹铜镜

唐代双鸳纹铜镜

wǎng

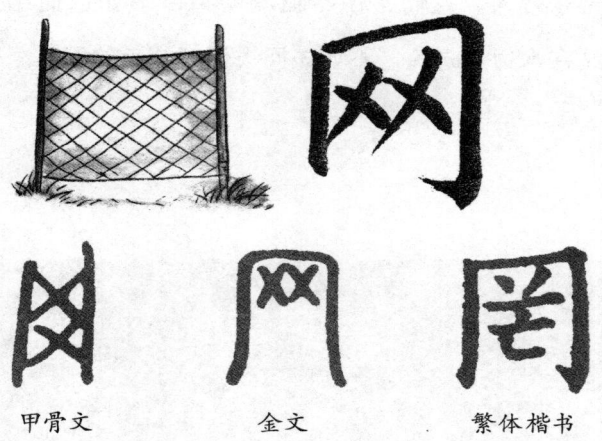

| 甲骨文 | 金文 | 繁体楷书 |

　　"网"是用绳线交错编织而成的网子。从甲骨文来看，左右是网子的边缘或棍子，中间是网绳交错、网眼密布的网。金文的"网"略有简化。

　　相传，是中华民族的祖先伏羲氏模仿自然界中的蜘蛛结网而制成网，教人们用网来捕鱼打猎。

　　《吕氏春秋》中记载过这样一个故事，圣人商汤在郊外看见一个猎人在四面设网，并祷告说："天下四方的禽兽都落在我的网中来。"汤说："这样禽兽就都捕杀光了。"汤把捕禽兽的网撤去三面，只留一面。后来人们就用"网开一面"来形容采取宽大处理，给人一条出路。

网本来是用来捕捉鸟兽的，捕鱼的网子叫罟，两者大同小异，后来统称为网。人们常说"临渊羡鱼，不如退而结网"，意思是站在水边想吃鱼，不如先回去做好捕鱼的网。

gōng

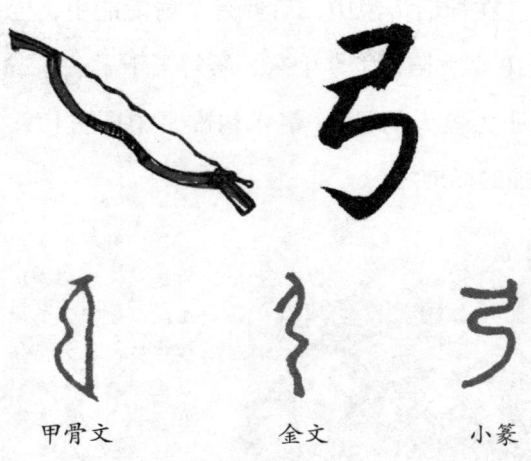

| 甲骨文 | 金文 | 小篆 |

"弓"是个象形字，是一把弓的样子：左边是弓背，右边是弓弦。在金文中，是一把松下弓弦的弓，人们不用弓的时候，把弓弦解下来，可以保持弹性。

弓箭的发明和使用，是一个了不起的进步。弓箭可以射向远方，大大提高了人类的生存能力。弓的起源很早，考古发现，在

后羿射日

距今 3 万年前的山西朔县峙峪文化遗址中有石镞，这表明当时先民已经使用弓。在神话传说中，后羿是个射箭能手，他用弓箭把天空中的 10 个太阳射下 9 个来，缓解了干旱。

能拉得硬弓（张力极大的弓），箭术精准是中国古代武士的勇力和武艺高强的标准之一。

《李广射石图》说的是汉代名将李广在晚归途中惊觉风起林动，以为是猛虎袭来，一箭射去，次日清晨发现，所射的只是一块石头而已，但箭已深深没入石中。

shè

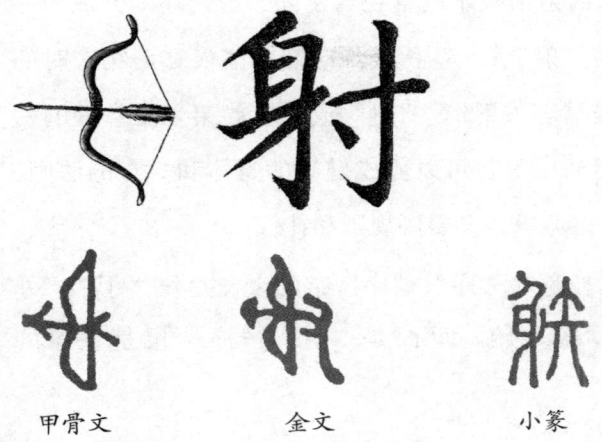

甲骨文   金文   小篆

　　"射"的本义为射箭。在甲骨文中，一张弓上有一只待发的箭。而金文在箭柄上加了一只手，表示一只手在拉着弓要把箭发出去，显得很形象。到了小篆的"射"字，弓箭的形状变成"身"字，右边拉弓的手变成了"寸"，也是手形，原来用手拉弓发箭的形象消失了。射箭是一手拿弓，一手搭箭，需要调节好身体的姿势和手上的力量大小，才能射中目标。

　　在古代，弓箭是人们狩猎、战争的常用武器，射箭技艺高超的人往往会受到人们的赞扬。中国古代关于射箭的故事广为流传。如春秋时有个神箭手叫养由基，他善于射箭，能在一百步以外射中杨柳的叶子，百发百中，后来人们就用

"百步穿杨"来形容人的箭法高明。

由于古人对射箭技术的重视与崇尚，射箭还上升成为一种礼仪，称为"射礼"。春秋战国时期，诸侯宴请宾客时的礼仪之一就是请客人射箭。"射"成为贵族弟子要掌握的六艺之一，他们从小习射可以养成健康的身体和立身的法则，因为射艺既要讲竞争，又要讲规则和礼仪。

古代的学校称为"序"，"序"字的金文写作"序"，外面"广"是学校建筑，里面是"射"。"序"也是秩序的"序"。

máo

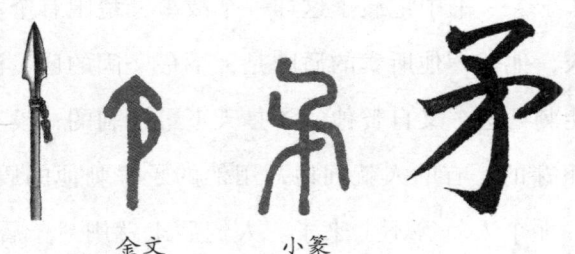

金文　　　　小篆

矛是古代的一种兵器，在金文中，它是上部有尖利的矛头，下部有一根长柄的形象，右边的半圆像其把手或是套耳（可以用绳子穿过而把矛绑缚在兵车上）。

矛为古代战争中出现最早、最主要、最常用的一种刺杀兵器，在长木杆的一端安装扁平有刃的金属头儿，商周时代矛头用青铜制成，

吴王夫差矛

由左至右分别为商代青铜矛（左一、左二）、西周青铜矛、战国青铜矛。

汉代则多用铁矛。

在《韩非子》一书中记载了这样一个故事，楚国有个卖盾牌和矛的人，他夸耀他所卖的盾牌是天下最坚固的盾，没有什么东西能刺得透，又自赞他的矛是天下最锋利的，没有什么是它刺不穿的。有的人就问他，用他的矛去刺他的盾，会怎么样呢？那个人就答不上来了。人们后来就用"矛盾"来形容言语行为自相抵触。

bǐ

| 甲骨文 | 金文 | 小篆 | 楷书繁体 |

"笔"的甲骨文、金文形体都像是右手抓着一只毛笔的样子：右上是右手，中是笔管，笔管上的分叉是笔毫。毛笔的笔管一般用竹管做成，所以小篆的"笔"字，增加了"竹"旁。隶变楷书后写作"筆"，汉字简化后写作"笔"，由"竹"和"毛"组成，表明做毛笔的两种主要材料是竹子和毛。

笔是用来书写的工具，早在夏商时期就已经有原始的笔了，人们用来涂描甲骨文的笔画，然后再用刀刻甲骨文字。到春秋战国时期，各国都已经制作和使用笔了。中国独特的艺术书法和绘画，是由中国特有的毛笔来创造的。中国美学家宗白华先生说："中国人这支笔，开始于一画，界破了虚空，留下了笔迹，既流出了人心之美，也流出了万象之美。"

　　笔是文房四宝之一，以浙江湖州产的湖笔最为有名。中国人把毛笔的特点总结为"四德"：尖、齐、圆、健，具备这四种特点的笔就会很好用。毛笔有很多品种，就原料和特点来看，可以分为软毫、硬毫、兼毫三大类。软毫的原料是山羊和野黄羊的毛，统称羊毫，写字柔软圆润。硬毫的原料是黄鼠狼尾巴上的毛和山兔毛，称为紫毫和狼毫，它们弹性强，写出的字锐利刚劲。兼豪是软硬两种毛按比例搭配，初学写毛笔字，大多使用兼毫类毛笔。

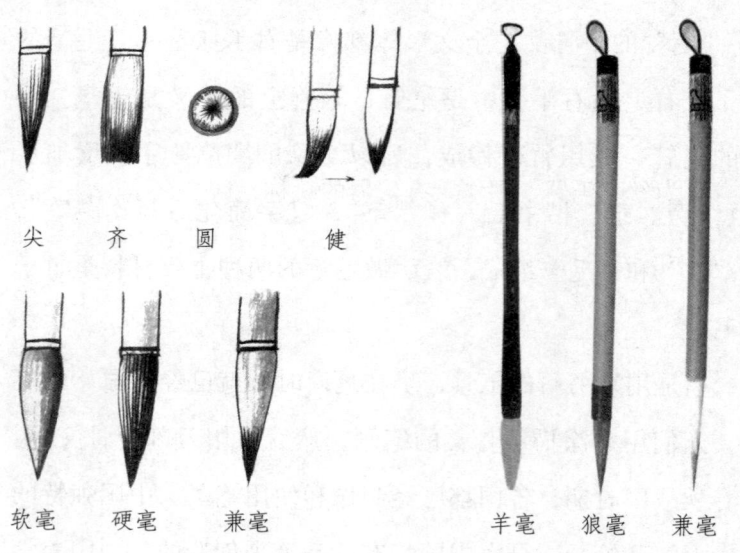

尖　齐　圆　　健

软毫　硬毫　兼毫　　　　　　　羊毫　狼毫　兼毫

yuè

| 甲骨文 | 金文 | 小篆 | 楷书繁体 |

　　甲骨文的"乐"字，是木上有两束丝的样子，表明制作乐器的材料是丝和木，古代的琴身是由木头制成，弦用丝拧成。在金文、篆文中，在两束丝中间，增加了一个调弦用的器具。"乐"的本义为丝弦乐器，用作所有乐器的总称，后来又引申泛指音乐。楷书写作"樂"，汉字简化后写作"乐"。

　　音乐是和谐优美的声音，有调节人心的作用，丕有感化人的社会功能。礼乐文明是中国古代文明的重要组成部分。在夏商周时期，中国古代先贤通过制礼作乐，形成了一套颇为完善的礼乐制度，推广礼乐教化，用以维护社会秩序、人伦和谐。如果礼仪不被遵守，音乐趋向不和谐，就是"礼崩乐坏"，表明社会纲纪紊乱、人心骚动不安定。孔子称赞音乐的最高境界是"尽美矣，又尽善也"，就是既要乐舞形式的美又要其内容的善。

1000多年以前的中国名画《韩熙载夜宴图》（局部）中女子们各持乐器合奏的形式也启迪了后人。

zhōng

钟

鐘

小篆　　　　　楷书繁体

　　篆文中的"钟"字，由"金"和"童"两部分组成，"金"表示与金属有关，古代的钟一般用铜或铁铸成，"童"表示读音，是形声字。隶变楷书后写作"鐘"，如今简化作"钟"。

　　钟本是古代的一种打击乐器，一般用铜或铁铸成，中空，用于音乐演奏。在湖北随州市曾侯乙墓中出土的编钟，是战国早期著名的打击乐器，用青铜铸成，大小不同的编钟按照音调高低的次序排列起来，悬挂在木架上，用"丁"字形的木槌和长形的棒分别敲打铜钟，能发出美妙的乐音。古代豪门贵族在宴享时把装满食物的鼎排成一列列，并击钟奏

钟鸣鼎食之家

钟是中国古代乐器，鼎是中国古代炊器，击钟列鼎而食，形容贵族的豪华排场。

乐，人们就用"钟鸣鼎食"形容富贵显宦人家生活奢侈豪华。

钟的声音醇厚、洪亮，能传播很远。古代寺庙中常悬挂着大钟，用来报时、报警或发出集合的信号。北京有钟楼、大钟寺，都因为有大钟而得名。

·汉字王国·

qín

小篆

　　琴是中国古代的一种弹拨弦乐器，相传神农氏削桐木做成琴，用丝线做成弦，创造了最早的琴，所以古琴又称作丝桐。小篆的"琴"字，描绘了从一端侧视这种乐器的样子：上面的两个"王"字形东西是指用来绷弦的琴柱，下部的弧曲部分是琴身。

　　琴在中国有着悠久的历史，在中国最早的诗歌总集——《诗经》中，有不少篇目都提到琴，如"窈窕淑女，琴瑟友之"，意思是说文静美丽的女子，我弹琴鼓瑟亲近她。瑟也是一种古老的弦乐器，常与琴合奏，能弹奏出美妙的曲子。人们用"琴瑟和谐"来比喻夫妻之间的感情融洽和睦。

　　琴、棋、书、画，古称四艺。弹琴、下围棋、写字、画画，被看作是高雅的艺术活动。琴居四艺之首，具有清、和、淡、雅的音乐品格，体现了中国音乐的至高境界。数千年来，琴与文人的生活密切相关，孔子、蔡邕、嵇康、苏轼等都是弹琴名家。古人常用琴来抒发情感、寄托理想，古琴成为中国文化和理想人格的象征。

先秦有一个著名琴师叫俞伯牙，他在山林中弹琴，被一个叫钟子期的人听见，伯牙弹起赞美高山的曲调，钟子期说："好啊！巍峨雄伟好像高山一样！"当他弹奏表现奔腾澎湃的波涛时，钟子期又说："好啊，琴声宽广浩荡，好像滚滚的流水一般！"伯牙就把钟子期当作自己的知音。人们后来也就用"高山流水"来形容知音。

700 多年以前的画家王振朋画的《伯牙鼓琴图》

·汉字王国·

qí

棋棋

小篆

"棋"字原本是指围棋，因为最早的棋是用木头做成的，所以在"棋"字的结构里，"木"表示意义，"其"表示读音。

围棋棋盘的盘面上有纵横各 19 条等距离、垂直交叉的平行线，共构成 $19 \times 19 = 361$ 个交叉点，博弈双方分别持黑、白棋子，最终是运用智慧占领棋盘上较多的交叉点的人取胜。

围棋是中国最古老的棋种，传说是中华民族的先祖、贤明的帝王尧为了启发自己儿子丹朱的智力而发明的。下围棋规则简

中国现代画家陈少梅绘《对弈图》

单而变化无穷，中国古人常把下围棋当作用兵作战，许多著名军事家都是疆场和棋盘这样大小两个战场上的佼佼者。在古代的中国，帝王将相、文人雅士乃至普通百姓，一直都喜爱对弈。古人常以"琴棋书画"论及一个人的才华和修养，其中的"棋"指的就是围棋。它是中华民族传统文化中的瑰宝，体现了中华民族对智慧的追求。

现代画家徐燕孙绘《观弈图》

伍

汉字与动物

古者包牺氏之王天下也，仰则观象于天，俯则观法于地，观鸟兽之文，与天地之宜，近取诸身，远取诸物，于是始作八卦，以通神明之德，以类万物之情。

——《说文解字·序》

mǎ

　　牛在农业社会中，发挥着重要的作用。它吃苦耐劳，无私奉献，深受人们的喜爱。人们不仅写诗文称赞牛，也常用牛的形象创作美术作品。中国的国宝中有一幅著名的《五牛图》，那是唐代宰相韩滉所绘，相传韩滉认为牛只因最为常见，最难描绘其形容，而耕牛又是农家之宝，所以决心画牛。他画的《五牛图》生动传神，表现了它们不同的性情：活泼的、沉静的、爱喧闹的、胆怯乖僻的，被历代奉为至宝。

·汉字王国·

niú

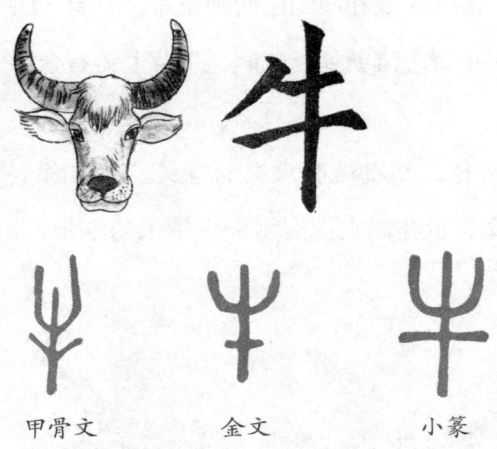

甲骨文　　　　金文　　　　小篆

　　甲骨文的"牛"字表现了从正面看的牛头的形象，它的面部只有一根竖线来表示，一双硕大的牛角弯向天空，牛角之下是两只牛耳。

　　早在石器时代，中国人就开始驯养家牛，人们从此不必再用人力拖犁。

　　水牛通水性，能在水中轻松自如地浮游，人们认为牛能

唐代韩滉所作的《五牛图》

"镇水"。传说大禹在治水时，每治理一处水患，便将一头铁牛沉入水底，以防河水泛滥。在颐和园的昆明湖东岸，就有一头昂首伏卧的大铜牛，铜牛铸于清朝乾隆年间，牛背上铸有金牛铭，谓之"镇水"。

铜牛，它虽憨态可掬，却有镇服水患的含义。铜牛背上铸有八十字的篆书铭文，也在向人们展示铜牛镇水的本领。

·汉字王国·

yáng

羊

| 甲骨文 | 金文 | 小篆 |

　　"羊"是个象形字，在甲骨文和金文中，我们能看出羊朝下弯的角，高高的鼻梁和微微向上斜的眼睛。

　　羊在中国是被人们饲养最多的家畜之一，羊肉是人们喜爱的美食和祭祀的珍品。在古代，一个人或一个部落的羊越多，就越富有，羊象征着吉祥如意。在上古的青铜鼎彝上，常常可以看见"吉羊"一词，表示吉利祥瑞，后也写作"吉祥"，是人们常用的祝福语。

　　古代常以羊的形象来塑造象征吉祥的器具或装饰用品，表达了人们一种对安定、祥和、康富生活的企

盼。古人还将羊看成知礼、有德、孝顺的化身。跪伏的羊，是温顺谦卑的象征，表现了中国人将道德与审美合一的思想观念。在汉字中，"羊"是一个寓意美好的字，"善""美""鲜""义（義）"都由"羊"字组成。

著名画家任伯年所绘《三羊开泰图》

mǎ

甲骨文　　　　　金文　　　　小篆　　　　楷书繁体

　　"马"是个象形字，甲骨文是马的简笔画：一匹马站在那儿，抬着脑袋，颈上有鬃毛，还有散开来的马尾。是一匹奔跑中的马。

　　马四肢修长，善于奔跑，力大能负重，是人类的好帮手。传说周穆王有8匹骏马，能日行万里，他曾经用它们驾车去拜访住在昆仑山

东汉铜奔马，1983年10月，铜奔马被国家旅游局确定为中国旅游标志。

的西王母。

　　要辨别马匹的好坏，就需要专门的相马人，而其中特别精于鉴别马匹优劣的人，就会被称为"伯乐"了。伯乐相传是天上管理马匹的神仙，他们往往能从马群中发现千里马。后来，人们把优秀的人才比喻为骏马，而把善于发现、培养和使用人才的人称为伯乐。

中国现代画家徐悲鸿名作《九方皋》，描绘了相马专家九方皋相马的情景。

yú

| 甲骨文 | 金文 | 小篆 | 楷丰繁体 |

　　"鱼"的甲骨文、金文很富有表现力，完全是一条有鳞有鳍、鱼尾分叉的鱼的形象。

　　早期人类一般居住在水边，鱼是人们主要的食物来源。在西安半坡仰韶文化（主要分布在黄河中下游一带）遗址出土了大量的骨制的鱼钩、鱼叉、鱼镖。在彩陶上，鱼是最常见的题材。其中有一件陶盆内壁用黑彩描绘了人面鱼纹图，人嘴的两边有鱼形的文饰，在两耳旁边也各有一条鱼，鱼头和鱼身都呈三角形。

　　鱼在中国人心目中是富余和财富的象征。在春节时，人们喜欢贴上一个胖娃娃抱着一条大红鱼的年画，表示年年有

鱼，这是一个双关语，"鱼"字和表示富余的"余"字谐音。

在古代社会，一个读书人如果考中科举，人们就会恭贺他是"鲤鱼跳龙门"，前程远大。鲤鱼和其他许多鱼都喜欢跳水，在古老的传说中，每年三月鲤鱼沿着黄河向上游，游到水流湍急的龙门时，就使劲往上跳，一旦跳上龙门，就有云雨跟随着它，天降大火从后面烧它的尾巴，就变化成龙了。

yú

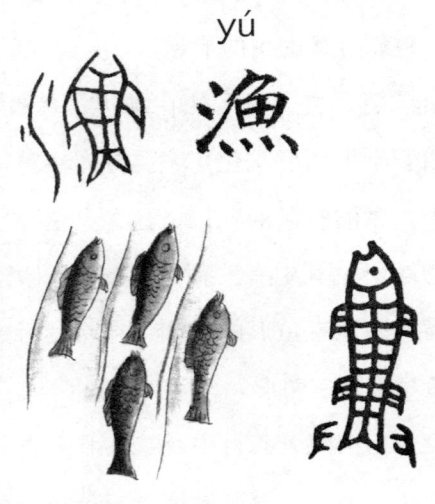

中国书画家齐白石画的鱼

lù

| 甲骨文 | 金文 | 小篆 |

鹿是四肢细长、尾巴较短的动物，雄鹿头上生有杈角。甲骨文、金文中的"鹿"字，生动描绘了一只头朝左尾朝右的雄鹿的侧面形象：有一对枝杈状的角、大眼睛、长颈细腿、短尾，显得身躯轻灵、体态优美。

鹿奔跑迅速，体形又大，是先民的肉食来源之一，因此成为人们主要狩猎追逐的对象。有一个成语叫"逐鹿中原"，意思是大家在中原上争着围捕鹿，中原本来指中国黄河中下游一带，是中华民族的发祥地，可泛指整个中国，这个成语常月来形容群雄并起，争夺天下。

中国自商周时代就开始养鹿。鹿的性情温驯，形态优美，鹿角可以脱而复生，被视为吉祥的化身。远古时代就出现了鹿崇拜，许多民族都崇拜白鹿，以皮毛白色的鹿为瑞兽，是仙家之物，而民间传说中的老寿星的坐骑是梅花鹿。

而且"鹿"与福禄的"禄"谐音，是升官发财的吉兆，鹿的形象常出现在民俗活动和绘画、器皿、建筑及典籍中。

画于1600多年以前的《九色鹿王本生图》，是敦煌壁画中的代表作品。图中故事是讲佛祖释迦牟尼前生为九色鹿王，曾救起一个溺水男子，被救男子叩头拜谢，乞为奴仆，鹿王只要求他为自己的行踪保密。不久王后想要九色鹿皮毛做衣服，国王悬赏捉拿九色鹿，溺水被救男子出于贪心前去告发，鹿王被捕。鹿王向国王讲明了救溺水人的经过，国王深受感动，不再捉它，还予以保护。贪心的溺水被救男子遭到报应，身上生疮，口中恶臭。

jī

甲骨文　　　　金文　　　　小篆　　　　楷书繁体

　　鸡，是一种家禽。甲骨文、金文中的"鸡"字，描绘的是一只头、冠、嘴、眼、身、翅、尾、足俱全的雄鸡的形状。

　　在中国传统文化中，人们认为鸡是上天降临人间的吉祥物，又被称作天鸡。在传说中，东海的大桃树的树顶上有一只美丽的金鸡，天明报晓。它一啼，天下的鸡就跟着叫起来了，呼唤旭日东升。民间在开年第一天以红纸剪鸡作窗花，而且把这天定为"鸡日"。

　　中国古代特别重视鸡，认为鸡具有文、武、勇、仁、信五德，称它为"五德之禽"。《韩诗外传》说，它头上有冠，是文德；足后有距能斗，是武德；敌前敢拼，是勇德；有食物招呼同类，是仁

现代·徐悲鸿《群鸡图》

德；守夜不失时，天明报晓，是信德。它代表了人们的道德追求。

民间把鸡视为吉祥物，认为它可以辟邪，可以吃掉各种毒虫，为人类除害。人们常常把鸡的形象应用在图画、家具、什器中。一只大红公鸡昂首挺胸站立在大石上，是在中国吉祥图案历史最悠久的作品题材之一。鸡与"吉"谐音，石与"室"谐音，寓意室上大吉。而鸡和荔枝画在一起，荔枝的"荔"与吉利的"利"谐音，表示大吉大利。这些与鸡有关的吉祥图案寄托了人们美好的祈盼和祝愿。

niǎo

| 甲骨文 | 金文 | 小篆 | 楷书繁体 |

"鸟"在甲骨文中，是一只侧立的鸟的外形：上是鸟头，有尖嘴及鸟眼，中是鸟身，下有鸟尾及脚爪。在金文、篆文中，描绘了一只鸟昂着

清·朱耷《花鸟写生册》

头，张开羽毛，脚步向前，富有动感，像是正在跳舞。

鸟的种类很多，中国人对鸟有着特殊的喜好。当人们看见喜鹊在自己家门口鸣叫，就会很高兴，因为他们认为喜鹊是来报喜的。人们喜欢画喜鹊来表示喜庆，喜鹊在梅枝上鸣叫报喜的图画，叫作"喜上眉梢"。

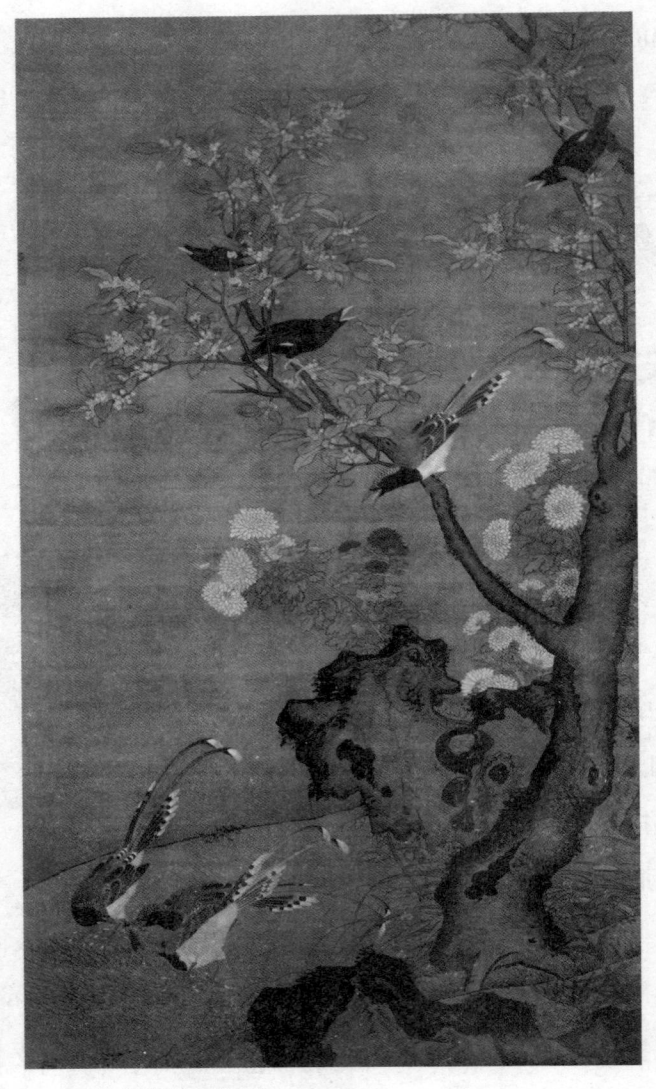

明·吕纪《桂菊山禽图》

·汉字王国·

hǔ

甲骨文　　　　　金文　　　　　小篆

　　"虎"在甲骨文中，描绘的是一只老虎的形象，它张口大张，身上有斑斓的条纹。古人写字，是由上到下竖着写的，为了方便，这只老虎也是竖着的。

　　虎的额头上有几条黑纹，看上去很像"王"字。它有着尖利的爪牙，奔跑起来速度很快，一旦发威势不可当，被人们称作百兽之王。

　　人们对虎的形象十分崇敬和热爱，常用虎来象征威武勇猛，特别是在军事上应用最为广泛。在唐代以前，皇帝调兵

中国民间手工艺布老虎

遣将用的凭证是虎符，用青铜或者黄金做成老虎形状，虎背上有铭文，分为两半，其中一半交给将帅，另一半由朝廷保存，将两半虎符合在一起时，才能调兵遣将。在民间，给儿童戴的帽子、穿的鞋子做成老虎的样子，分外漂亮和可爱。

秦代虎符

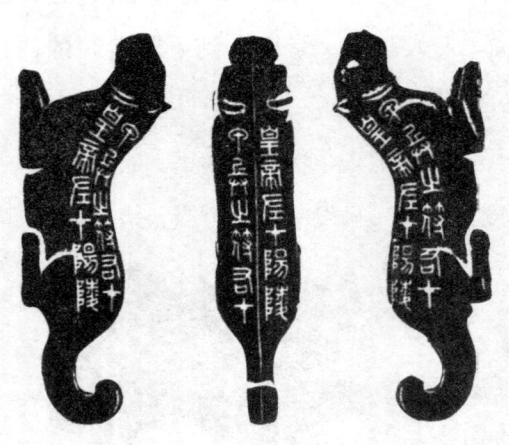

虎符
古代调兵遣将的兵符被做成
虎形，称为虎符。

·汉字王国·

guī

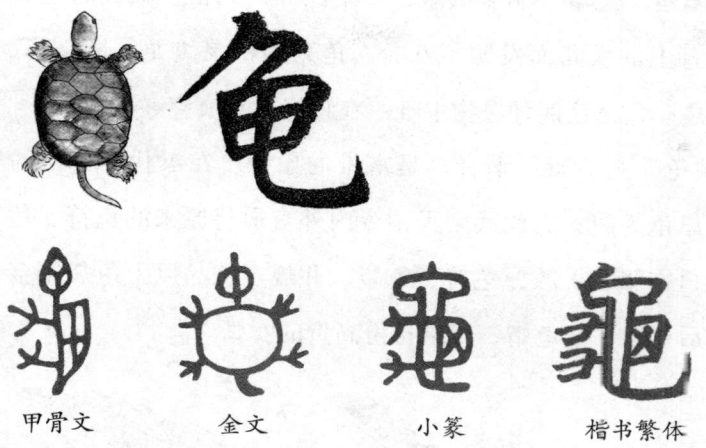

| 甲骨文 | 金文 | 小篆 | 楷书繁体 |

　　甲骨文的"龟"描绘了一只侧视的乌龟的样子，有头有壳有腿有爪，十分生动逼真。金文表现的是龟的俯视图。小篆由甲骨文演变而来，也是龟的侧视图。

　　龟类的寿命很长，有的可达300多年，被人们视为吉祥长寿的象征。任昉《述异记》中说："龟一千年生毛；寿五千岁，谓之神龟；寿万年，谓灵龟。"龟被视为灵物，人们认为它身上具备着某种神秘的禀赋，在神话传说

东汉的"朔宁王太后玺"金印

中它曾献出自己的腿给补天的女娲作为擎天之柱，也曾帮助大禹驮运"息壤"制服洪水，中华民族的始祖伏羲氏通过观察龟背上的纹路而发明了八卦。龟列为四灵（龙、凤、麟、龟）之一，是这四种灵物中唯一在自然界真实存在的。

"龟"与"贵"谐音，是富贵的象征。在汉代，公侯的印章以龟为纽。唐代武则天诏令内外官员将原来的鱼符、鱼袋（鱼饰佩袋）改佩龟符、龟袋，并规定三品以上龟袋用金饰。后世以"金龟婿"代指身份高贵的女婿。

唐诗有名句："无端嫁得金龟婿，辜负香衾事早朝。"

·汉字王国·

bǔ

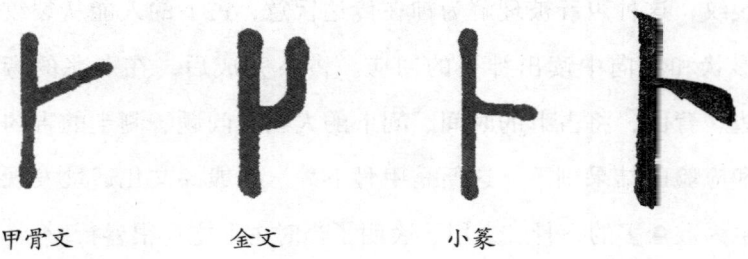

| 甲骨文 | 金文 | 小篆 |

　　"卜"字表示的是用火烧龟甲或兽骨所形成的横斜交错的裂纹。古代，特别在殷商之时，凡是年成的丰歉、战事的胜负、天气的阴晴等必先占卜。烧甲骨是要根据那上面呈现出来的裂纹来预测吉凶福祸。

　　在商周时代，人们相信天地间有神灵掌管一切，通过灼烧甲骨，神灵会对人们提出的问题和愿望给予回应，这些问题几乎无所不包，从用什么祭祀上帝祖先、明天会不会下雨、禾黍是否丰收、出征打猎是否平安，到疾病梦幻的吉凶、妻子分娩的时间、未来日子

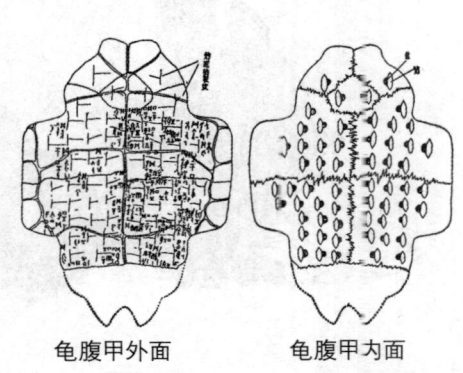

龟腹甲外面　　　　龟腹甲内面

的祸福等都要占卜一番。烧灼甲骨会发出噼啪的声音并出现裂纹，这种声音被理解为神在传达旨意，占卜的人能从裂纹形状和走向中读出神灵的回应。占卜完成后，在卜兆的旁边、背面，将占卜的时间、问卜的人物、问题、测定的吉凶和应验的结果刻下，这便是甲骨卜辞。在殷商文化遗址发现了为数众多的卜骨、卜甲，表明了当时占卜之风很盛行。

　　"占卜"的"占"字由"口"和"卜"组成，以口问卜就是占。

　　占卜是预测，"卜"字又引申表示预料。"生死未卜"就是生死都难以预测。

hè

小篆　　　　楷书繁体

　　鹤是一种珍贵的水鸟。"鹤"字由"寉"和"鸟"两部分组成，"寉"表示鸟往高处飞，鹤是一种飞得高远的鸟，"寉"又兼作声符表示读音。

　　鹤有长长的嘴、颈子和脚，身高出众，体态优雅，飞得高远，鸣声响亮。古人认为它是神仙的坐骑，神仙

骑着它云游四海。在湖北武汉有一座黄鹤楼，就是因传说有神仙在那儿乘着黄鹤腾空离去而得名。

鹤是神仙的坐骑，人们把年长的人死去婉转地称为"驾鹤西去"，表示人死去，不过是离开尘世，变成神仙骑着黄鹤向西边的极乐世界去了。鹤具有仙风道骨，是长寿仙禽，故称作仙鹤，是长寿的象征。人们常以"鹤寿""鹤龄"作为祝寿之词，又常把仙鹤和古松画在一起，是"鹤寿松龄"，寓意长寿。

清·王震《松鹤图轴》

·汉字王国·

lóng

| 甲骨文 | 金文 | 小篆 | 楷书繁体 |

　　甲骨文和金文已经很形象地表现了中国在神话与传说中的龙，龙原是一种奇美的两栖动物，作为龙图腾演变到完美的形象是：角似鹿、头似马、眼似鱼、身似蛇、鳞似鲤、爪似鹰、掌似虎、耳似牛，九种动物特征合于一身。狮鬃飘动，全身回旋飞舞，春分时节上入云天，秋分时节下潜深渊，生机勃勃，具有无穷变化。

　　龙是中华民族几千年文化意识融合、发展的产物，是人文动物。中国人自称为龙的传人，龙

新石器时代红山文化的玉龙

象征着中国文化中自强不息和与时俱进的精神。龙象征的乾元之气让天地和谐，风调雨顺，万物萌生，世界安宁吉祥。

龙还象征着尊贵，历代帝王都称自己是承受上天任命的"真龙天子"。皇帝周围的一切都以龙冠名，带有龙的标记，皇帝穿的衣服称为"龙袍"。

龙行大地，风调雨顺。

fèng

甲骨文　　　　　小篆　　　　楷书繁体

　　"鳳"是个象形字，简化汉字后写作"凤"。甲骨文的"凤"，描绘了一只凤的样子。我们看到了面朝左的有冠羽的凤头和极为美丽的双翅和长尾。我们看商代的玉凤，造型简洁，但十分华美而高贵，这是最早的中国凤形象的实物之一。

　　凤，是中国古代传说中的神鸟，被认为是百鸟之王。凤，又叫凤凰，严格说来，凤与凰是有区别的，雄性的称为凤，雌性的称为凰。

　　至于凤的原型是什么，有学者说是孔雀，有人认为是锦鸡，众说纷纭，实则凤是中国人理想化的集禽鸟众美之大成的图腾。中国古人认为时逢太平盛世，便会有凤凰飞来。

凤这种瑞鸟身为百禽之首，雍容华贵，美丽大方。凤翔于天，象征着中华文化自强不息的精神；百鸟朝凤，象征着中华文化和合众生的追求。

凤凰涅槃，在浴火中新生，这是中华民族与时俱进、生生不息的象征。

在历史上，龙曾经是帝王的象征，凤则作为后妃的象征，后妃的帽子称为凤冠，后妃的车轿称为凤舆。左图是明朝孝靖皇后的凤冠。

（陆）

汉字与植物

万紫千红总是春。

——宋代学者朱熹

huā

汉代石刻拓片《牡丹图》

　　"竹"就是中国人喜欢的竹子。在中国人的心中，没有任何一种植物能像竹子那样具有坚强的性格和优雅的风度了。竹子的生命力很强，它可以扎根岩石，一任狂风侵袭。它经冬不凋，四季常青。有诗云："雪压竹头低，低下欲沾泥。一朝红日起，依旧与天齐。"《诗经》中用生长盛美的绿竹来比喻文采卓然、努力进修的谦谦君子。

zhú

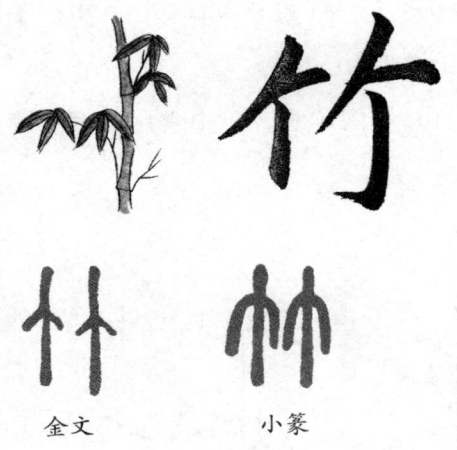

竹

竹　　竹

金文　　　　小篆

　　竹子可以调节气候，涵养水源，保持水土；竹笋、竹叶可食，可入药；竹竿可建房屋，固堤坝，制器具，造舟筏。竹子还是中国民族乐器制作的重要材料。将竹子削制后做成的竹简承载了中国古老的文字。这秀美的翠竹，又是中国园林庭院中最具特色和观赏价值的景致。

　　竹子是花中四君子（梅、兰、竹、菊）之一，和梅、松一起称为岁寒三友。竹子虽无梅的俏姿、菊的艳丽、兰的芳香、松的雄伟，然而因它宁折不屈、虚心有节，被当作正直谦虚为人的楷模。

　　凡是由"竹"构成的字，都表示与竹子相关的意义。

笔，描摹的就是用手执一支毛笔的样子，后来又另加了"竹"字头表意，表示毛笔是用竹子做成的。

竹笛是中国传统音乐中常用的横吹管乐器之一。

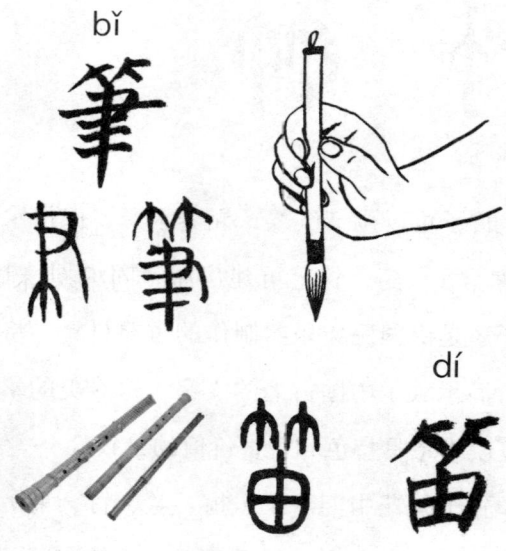

当代画家任德山绘《墨竹图》

méi

| 甲骨文 | 金文 | 小篆 |

梅是一种蔷薇科植物，早春开花，花以白色、淡红色为主，气味清香，果实味酸。"梅"字由"木"和"每"两部分组成，"木"表示梅是一种树木，"每"表示读音。

早春时节，天气寒冷，梅树傲立风雪中先于百花独自绽放。在中国传统文化中，梅花被认为是高洁孤傲、超尘脱俗的象征。在宋代有一个隐士叫林逋，他孤身一人隐居在杭州西湖的孤山，终身不娶无子，以种植梅花和放养仙鹤为乐。人们就把他养的梅和鹤称为他的"梅妻鹤子"，梅花和鹤都是高洁出尘的象征，寄托了林逋清高脱俗的品格。后来人们就用"梅妻鹤子"来形容清高的隐居生活。

中国是梅树的原产地，梅的枝干倾斜、疏朗有致，梅花形色俱美，气味清香。人们爱梅、赏梅、颂梅。梅不仅是传统文人画士笔下的题材，而且广泛渗入日常生活，用梅花的形象来装饰家具器物。人们给女儿起带有"梅"字的名字，希望她们将来有像梅一样坚贞、自信、纯洁等高尚的品格。

lán

兰

　　"兰"是一种香草的名称。它的小篆字形由'艸"和"闌"两部分组成，"艸"表示与草本植物有关，"闌"表示读音，是个形声字。

　　兰花生长在幽谷水边，清雅素淡，它和梅、竹、菊被誉为"花中四君子"。空谷幽兰，无人自芳，象征了君子清幽脱俗，不取媚于人，保全自己高洁的品质。中国传统的文人爱兰、咏兰、画兰，透过兰花的幽雅空灵来展现自己人格襟抱和精神品性。

　　古人认为兰有四清：气清、色清、神清、韵清，幽香清远，素有天下第一香、国香、香祖的美称。兰花深受人们的喜爱，是传统名贵的花卉，常用来形容美好的事物。如"芝

兰玉树"常用来称赞别
人的子弟才德兼备，好
比是名贵的兰草和玉做
的树。"兰心蕙质"，是
说有蕙草一样的心地，
兰花似的高洁本质，人
们常用此词形容女子心
地纯洁，性格高雅。

　　古人有金兰结义之
说，就是朋友同心同
德，其锐利可以斩断金
属，话语同心，有如兰
花之清香沁人心脾，表
示朋友间情投意合，进
而结为异姓兄弟或姐妹
的行为。

清代范玑在《过云庐画论》中
说："写兰以文门之法为正
宗。"世有"文兰"之称。

guì

桂

桂

小篆

　　"桂"是一种树木的名称，叶椭圆形，开白色或晻黄色小花，有特殊的香气，供观赏，亦可做香料。"桂"字由"木"和"圭"两部分组成，"木"表示桂是一种木本植物，"圭"表示读音，是个形声字。

　　中国是桂花的故乡，它的品种很多，桂花是中国的十大名花之一。月亮中的阴影像是树影婆娑的样子，在神话故事中，月亮上有一个广寒宫，宫中长着一棵桂花树。有个叫吴刚的人因为犯下错误，天帝让他砍伐月中的桂花树，可桂花树随砍随合。天帝就是用这样永无休止的劳作来惩罚吴刚。

中国古代科举制度中的乡试时间在农历八月，放榜的时候正值桂花飘香，故又称作桂榜。古人把考科及第称为折桂，因为传说月宫中有蟾蜍，月宫又叫蟾宫，故人们把科举应试得中者称为"蟾宫折桂"。后来"蟾宫折桂"就成为旧时读书人科场得意、飞黄腾达的代名词。

xìng

小篆

　　杏是一种落叶乔木，开白色或粉红色的花，果实圆形，成熟时黄红色，味酸甜。"杏"字由"木"和"口"组成，表示杏是一种果实可以吃的树木。

　　杏树在中国栽种普遍，中国儒家文化的创始者孔子聚集弟子讲学，他讲学的地方种满了杏树，称为杏坛，后来人们就用"杏坛"来指教育界和教书育人的地方。

　　中医常以"杏林中人"自居，是源自于三国时期有一个神医叫董奉，他长期隐居江西的庐山中。他为人治病，不收钱财，凡是重病患者被他治愈后时，只需在山上栽上五棵杏树；病轻者治愈后种一棵杏树。他治好不少人的病，他们栽种下的杏树蔚然成林。后来杏林一词便渐渐成为医家的专用名词，人们常用"杏林春暖""誉满杏林""杏林满园"等话语来称颂医术高明、医德高尚的医生。